U0639396

大夏书系·名校教育探索

成就最好的自己

百年名校的管理智慧

张德庆 雷玲 编著

上海著名商标

ECNUP

华东师范大学出版社

全国百佳图书出版单位

图书在版编目（CIP）数据

成就最好的自己：百年名校的管理智慧 / 张德庆，雷玲编著 .—上海：华东师范大学出版社，2016.3

ISBN 978-7-5675-4928-9

Ⅰ.①成 ... Ⅱ.①张 ... ②雷 ... Ⅲ.①中学—学校管理 Ⅳ.① G637

中国版本图书馆 CIP 数据核字（2016）第 050859 号

大夏书系·名校教育探索

成就最好的自己

——百年名校的管理智慧

编　　著	张德庆　雷　玲
策划编辑	李永梅
审读编辑	朱　颖
封面设计	奇文云海·设计顾问

出版发行　华东师范大学出版社
社　　址　上海市中山北路 3663 号　邮编　200062
网　　址　www.ecnupress.com.cn
电　　话　021 - 60821666　行政传真　021 - 62572105
客服电话　021 - 62865537
邮购电话　021 - 62869887　地址　上海市中山北路 3663 号华东师范大学校内先锋路口
网　　店　http: //hdsdcbs.tmall.com

印 刷 者　北京季蜂印刷有限公司
开　　本　700×1000　16 开
插　　页　1
印　　张　15.5
字　　数　220 千字
版　　次　2016 年 4 月第一版
印　　次　2018 年 3 月第三次
印　　数　12 101-14 100
书　　号　ISBN 978 - 7 - 5675 -4928 -9/G·9250
定　　价　36.00 元

出 版 人　王　焰

（如发现本版图书有印订质量问题，请寄回本社市场部调换或电话 021-62865537 联系）

百年校园里的故事

管理是一个单位正常运行、保证质量和效果的重要手段。一个单位如果没有管理，就会像一台机器只有零件，没有组装，运作不起来。学校也是这样。一所学校具有人员、财物、信息等众多要素，把这些要素整合起来，使各要素都处在最佳的状态并协调运转就是管理的作用，这就是学校的管理。学校管理的领头人当然就是校长。校长的教育理念、管理思想、工作作风影响着整个学校的工作。

虽说学校具有众多要素，但其中最重要的要素是人。人是第一位的，在学校里无论是培养的对象，还是参加教育教学工作、后勤保障工作的都是人。因此学校管理就要以人为本，调动师生的积极性和主动性，使学校高效地运转起来，这是校长的主要职责，同时也体现了校长的管理艺术。

学校管理与学校的文化建设是密不可分的，有什么样的文化，就会有什么样的管理方式。因此，学校管理要与学校的文化建设、学校的校风学风建设结合起来。什么是校风学风？校风学风是指一个学校的思维方式、治学态度，从思维方式来讲，就是学校怎么办，办成什么样子，有什么办学思路。治学态度表现在教师怎么教，学生怎么学。学校教学管理首先要解决培养什么样的人，怎样培养的问题。这个问题解决了，教学管理才有了方向，有了目标。

校风学风建设是一个长期积累的过程，是学校几代人的努力形成的学校传统。因此，也可以把它称为学校的基因，是可以世代相传的。一所名校必然会有自己的独特校风传统，也就是独特的基因。因此，雷玲在总结名校管理经验中称之为"好学校管理基因解码"是很有新意的。

雷玲要解码的是哪所学校呢？是北京市著名的陈经纶中学。该校始建于1921

年，历经崇贞学园、北京女子四中、朝阳中学、陈经纶中学四个历史时期，是一所有着 94 年办学历史的老校，也是北京市首批示范性普通高中。学校以"一个学校，一个标准；一体管理，一体打造"为原则，积极进行集团领导下的校长负责制办学探索，在实现优质教育资源共享的同时，不断推进各项改革，全力打造"经纶优质教育品牌"。陈经纶中学在长期办学过程中形成了优良的校风学风，有以张德庆为首的优秀管理团队，有一支具有丰富经验的教师队伍。这就是陈经纶中学的基因。雷玲总结陈经纶中学的经验，以《成就最好的自己》为龙头，同时推出《课堂无边界》《个性教师炼成记》共三部作品，涵盖了陈经纶中学的全面工作经验。

前面讲到，每个学校都有自己的基因，无论是学校的管理，还是名师的教育教学。虽然经验是无法直接搬用的，但我们总是会从这些经验中得到启发。

2015 年 12 月 8 日

百年老校里，遇见最好的自己

中学时代的学校记忆，对于大部分人来说，有着很多很多的相似性。

从小，我们就被要求一模一样：服装一样，发型一样，就连人生的梦想也一样——考上个好大学，毕业后找份好工作，赚很多很多的钱，成家立业……

在这样的学校，我们更多的是苦读书，死读书。不知不觉中，我们变得没有梦想，没有棱角，成为一台学习的机器。

然而，也有这样一类学校，这样一群幸运的学生，在彼此相遇中，成就了最好的自己。如百年前成立的崇贞学园，虽然历经北平女子四中、北京市第四女子中学、北京市朝阳中学、北京市陈经纶中学四次易名变迁，却在百年中积淀出历久弥香的"经纶"文化：以校为本、以师为本、以生为本，建设个性化学校，成就个性化教师，培养个性化学生。

在这里，只要你向着梦想走着，你就可以在不断地出发中，遇见最好的自己。

你的课堂是开放的，或在人生的远足中，或在三尺讲台的天地间；你的梦想是触手可及的，或在最现代化的数字教室里，或在活色生香的紫藤园中；你的校园是百花齐放的，既有经纶之烙印，又有个性之张扬。

每一个学生，每一个老师，每一个管理者，或者，你只是读这本书的读者，只要你走进这所百年老校，就可以从此时此刻开始，用一种全新的方式，感受心灵的萌动，遇见最好的自己。

红袖子

2016 年 1 月 29 日于花舍

第一辑　品牌兴校

　　21世纪是品牌的世纪，品牌时代的来临，赋予了人们对优质教育更多的期待。在深化教育领域综合改革的今天，对于学校的发展，品牌就是优势，品牌就是生命力，品牌就是竞争力。

　　学校的"优质教育品牌"效应一旦形成，将得到学生、家长和社会的广泛认同，为学校的发展赢得非常有利的社会舆论氛围，更会被学校教职员工认同，从而为学校的发展获得强大的内部凝聚力。

1. "船长"张德庆和百年经纶

1975年起，他先后担任语文教师、班主任、教导主任、副校长、书记、校长等职务；2000年，他参加北京市朝阳区教委的校长择优竞聘，出任陈经纶中学校长；15年来，在经纶校园，他致力于"办适合于孩子们的教育"的探索与实践，提出"办学个性化、施教科学化、校园数字化、规模集团化、学习国际化"，逐步形成"以校为本、以师为本、以生为本"的"三唯本"学校管理文化；他将百年老校陈经纶中学发展为"一校十址"集团化办学的首都名校，为学校的发展、朝阳教育的发展作出了突出贡献；他获"北京市'五四'青年奖章"、"北京市先进工作者"、"北京市优秀党员"等荣誉称号无数。他就是"用教育的理想追求理想的教育"的教育家张德庆，北京市陈经纶中学校长。

印 象

"船长"张德庆

再次写张德庆时，总是想到"船长"一词，觉得十年前采访过的这个校长，虽然外表变得更加祥和，但定力却更足。

百年老校陈经纶中学，在他的领航下，如今成了一艘大船，以集团化办学的发展模式，由"一址"变"十址"，在探寻素质教育的进程中，浩然前行。

大船的舵手，就是"船长"张德庆，一个对教育有大追求的人：

他有胆有略却谦虚——"陈经纶中学不会在我的手里辉煌。我做的一切都是在构建，如果真有那一天，我可以无愧地说'我曾经为她出过力、奠过基'。"说完这话的十年后，陈经纶中学发展成一所"一校十址"集团化办学的首都名校。

他敢想敢干重务实——"我的教育理想，就是让喊了20多年的素质教育在陈经纶中学的校园里'着地'，让长期挂在学校墙上的口号变成校园里的日常教育行为。"说完这话的十年后，陈经纶中学"以校为本、以师为本、以生为本"的管理文化形成，向着"学者—学府"式校园发展。

他心怀理想勇创新——"为孩子们办学，让孩子们健康、个性、全面地发展；为教师发展服务，教师的专业发展想多远，学校的平台就搭多远。"说完这话的十年后，陈经纶中学搭建起了"办学个性化、施教科学化、校园数字化、规模集团化、学习国际化"的教育教学平台。

这就是"船长"张德庆，一个"用教育的理想追求理想的教育"的教育家。

（红袖子）

印 象

百年老校历久弥香的"经纶气息"

坐落在首都繁华地段的北京市陈经纶中学，有近百年的历史了。

从"朝外两间半平方"走出的陈经纶中学，四易其名：始建于 1921 年的崇贞学园，后更名为北平女子四中；新中国成立后，易名为北京市第四女子中学；1954 年市政府定其为重点中学，"文革"时易名为北京市朝阳中学；1991 年因香港企业家陈经纶先生捐资改建，市政府遂名之为北京市陈经纶中学。如今，这所老校将迎来 95 岁华诞。

这里是陈经纶教育集团之源，七个校区依托陈经纶中学发展起来，如今，陈经纶教育集团已是"一校十址"。

这所厚重而不事张扬的老校，是这闹市中的一片绿洲，宁静、惬意，内俭、高贵。园林化的校园、别墅式的教学楼，给进来的人一种"结庐在人境，而无车马喧"的安逸，与那些坐落于郊区有着超大场地的学校有着迥异的风格。走进校园，映入眼帘的是"老实、宜强、勤奋、创新"八字鎏金校训，它诉说着"老实做人、勤奋做事、自强不息、创新发展"的经纶历程。

穿着白色校服的学生，三五成群经过，给这静静的校园添了许多生气，这是他们的青春校园。花丛中、竹林边点缀着现代的艺术雕塑，楼道里、教室中则是学生们充满思想的作品。

但在这古朴的园林式校园中，却有着最现代、最信息化的教学环境；有着最前沿、最丰富的基础教育课程；有着最优秀的师资和最高的办学质量。

在这里，每一个人最受感染的是那传承近百年又不断繁衍的经纶文化。从"老实、宜强"到"勤奋做事、创新发展"，再到"以校为本、以师为本、以生为本"的学校管理文化、师生共同发展的课程文化、科学育人的"三施教文化"、个性发展的学生文化以及氛围和谐的环境文化，这所学校的思想内涵不断深化，也不断向这个社会证明——她在育人。

　　春天是青色的，夏天是绿色的，秋天是黄色的，冬天是白色的——一年四季，陈经纶中学呈现出不同的色彩和芳香气息，更在积淀了百年、深厚的文化底蕴中呈现着丰富多彩的育人魅力。

（红袖子）

故 事 | "船长"张德庆的后十年教育生活

再访张德庆，刚好时隔十年。

2005 年，在张德庆位于老楼的办公室里，他告诉我，十年后，陈经纶中学要成为首都名校，要朝着集团化方向发展。

2015 年，仍然在位于老楼的办公室里，张德庆告诉我："今天的陈经纶中学，可以无愧为首都名校，从'一址'变'十址'，完成了'办学个性化、施教科学化、校园数字化、规模集团化、学习国际化'的办学任务，贯通了十二年基础教育，实现了集团化办学。"

一句话，浓缩了教育家张德庆的后十年教育生活；一句话，彰显出百年老校陈经纶中学丰富的教育内涵。

从校长到"船长"

十年前，校长张德庆有一个心愿：陈经纶中学的发展永无止境。这个心愿把张德庆推到了时刻站在推动教育改革和发展前沿的状态。

"建设个性化学校，成就个性化教师，培养个性化学生"——当年张德庆提出的发展理念，十年来一直引领着陈经纶中学追求"创一流教育之优，施素质教育之范"。

十年磨一剑。从 2012 年开始，陈经纶中学连年获得朝阳区中高考质量双优的成绩，陈经纶中学的办学质量牢牢地稳定在北京市教育大区朝阳区的第一质量平台上。2010 年，陈经纶中学九年三段示范校建设画上阶段性圆满句号。

"成为首都名校已经是一步之遥。"校长张德庆在全校大会上为老师们鼓劲。

"巩固成绩、稳定发展、追求特色、深层创新、促进学校科学内涵发展已是大势所趋。"鼓劲之后，他开始给老师们加码。

2011年春节后新学期的第一天，陈经纶中学借用北京工业大学举办奥运赛事的场馆，举办了陈经纶中学历史上，也是朝阳区历史上最大规模的开学典礼：陈经纶中学"一校三址"师生首次欢聚一堂。

"今天的开学典礼在陈经纶中学的发展史上有着特殊的意义，是陈经纶中学全面建设和发展的里程碑。她所吹起的号角，将激励经纶人走向一流首都名校的新辉煌！"开学典礼上，已是"一校三址"总校长的张德庆激情澎湃，"每一个人有一个新起点，每一个人树一个新目标，每一个人有新行动，从我做起，从现在做起"。

2011年8月，学校发布《陈经纶中学首都名校建设规划与行动方案》(2011—2016)，目标明确：坚定地站在九年三段示范校建设已经夯实的办学平台上，继续全面践行素质教育，着重用科学化和个性化追求学校的内涵发展，全力打造首都名校具备的办学风格和特色，通过建设个性化学校，成就个性化教师，培养个性化学生，为每个学生的全面发展提供最适合的教育，为每个学生的健康成长提供最具保障的教育，为每个学生的个性培养提供最有特色的教育，努力实现"办学个性化、施教科学化、校园数字化、规模集团化、学习国际化"的首都名校办学任务，成为百姓最满意的"学者—学府"式学校。

此时的张德庆，以"船长"身份站在了推动教育改革和发展的最前沿。

2013年底，首都均衡教育战役打响。2014年2月，张德庆积极响应朝阳区教委"均衡教育学区化"的改革号召，率先合并了安慧北里中学等三所学校，以"一个学校，一个标准；一体管理，一体打造"的工作原则，成立"北京市陈经纶中学教育集团"，开展"集团统一领导下的校长责任制办学"的新探索。

一个学校，即统一经纶的办学思想，统一经纶的办学文化；一个标准，即统一经纶的质量标准，统一经纶的师德标准，统一经纶的工作要求；一体管理，即统一经纶的规章制度，统一经纶的组织设置和管理，统一经纶的考核评价；一体打造，即统一经纶的教师专业发展规划，统一经纶的教育科研，统一经纶的校本培训。

至此，百年老校陈经纶中学，在他的领航下，成了一艘大船，以集团化办学模式快速发展起来。"一校十址"办学，包括：陈经纶中学高中校区、陈经纶中学初中校区、陈经纶中学嘉铭东校、陈经纶中学嘉铭西校、陈经纶中学帝景西校、陈经纶中学帝景东校和陈经纶中学保利分校，七个校区十个校址，涵盖了从小学至高中的 12 年基础教育，拥有在校生 8000 余人，在职教职员工 700 多人。

"真正的教育家，是无所畏惧的，他们敢于进行教育实践和教育创新，他们本身就是教育创新的楷模人物。于这个意义上讲，张德庆是一位教育家。"一位曾经采访过张德庆的教育记者这样评价这位教育界的领航人。

合而不同

经纶人，无论走进陈经纶中学"一校十址"中的哪一所学校，你都能发现师生们以此为自豪。

熏染"经纶气息"，烙上"经纶印记"，是让每一个陈经纶中学的人感到光荣的事。

"经纶教育集团"倡导的是"集团统一领导下的校长责任制办学"，强调"一个学校，一个标准；一体管理，一体打造"的经纶教育管理理念，但张德庆却这样描述经纶的校园和师生的未来："我们要在学校和学生中构建丰富多彩的活动文化、特色鲜明的课程文化、千姿百态的学习文化、全面发展的成长文化、百花齐放的教师文化……"

今天，陈经纶中学已形成了"适合的就是最好的，发展的就是成功的"办学价值观，为践行素质教育奠定了丰厚的理性基础。在陈经纶中学统一的办学思想和办学传统的引领下，陈经纶中学各校区已经成为"经纶教育品牌"不可或缺的重要组成部分，同时又形成了各校区自己"合而不同"的办学特色：高中校区创新人才培养模式，深化教育教学改革，引领集团优生培养；嘉铭分校和帝景分校"九年四段"办学、育人模式初见成效；帝景分校"七环节有效教学模式"研究形成教学特色；保利分校以"朋辈教育"为载体，构建特色自主成长体系，促进学生发展……

什么是经纶教育？这些年来，张德庆多次问他身边的干部和老师。他说："作为经纶人，大家时时刻刻要思考什么是经纶教育。不得用一般的教育来概括陈经纶的教育。过几年陈经纶中学就要建校一百年了，是朝阳区最老的学校，一个世纪的老校的品牌，含金量及其内涵应该是什么，每一个经纶人都应该思考，并且有义务为它'镀金'，增砖加瓦，让陈经纶中学的校名成为品牌，让它的含金量更高。"

"各校区卓有成效地建设和发展，实现了陈经纶中学综合办学质量的全面提升。"10年后再次采访张德庆，他胸有成竹地说。

"2016年5月，陈经纶中学将迎来建校95周年。在95年的发展历程中，学校四易其名，校舍、校长、教师、学生都在变化发展，但有一种东西始终没变，那就是凝结在校训中的学校精神'老实做人、勤奋做事、自强不息、创新发展'，这种学校精神已经让陈经纶中学取得了一个又一个令人奋进的办学成绩。"站在新的起点上，"船长"张德庆心愿未改：陈经纶中学的发展永无止境。

"第一"不是唯一的目标

在经纶中学，"第一"不是唯一的目标。

无论是做校长还是当"船长"，张德庆心怀一个不变的教育理想：为孩子们办学，让孩子们健康、个性、全面地发展。秉承"学而事人"的办学传统和百年积淀的深厚的办学文化，这十年来，张德庆坚持立德树人，推行全人教育，让每个经纶学子做到"全面地修养、坚定地爱国、快乐地学习、健康地成长"，以理想信念为核心，推进"实施做人德育，创建青春校园"的德育工程，为学生的全面成长与发展奠定丰富的人生基础。对教学工作提出"三施教文化"：科学施教、因材施教、快乐施教。对校园文化建设，倾心尽力地营造"学者—学府"氛围，营造浓厚的校园文化艺术氛围，让经纶学子充分享受全人教育和全面发展……

这些理念，已溶入每一个经纶人的精神世界，感染、激励着每一个经纶人。

曾经就读于陈经纶中学的孙梦泽回忆陈经纶中学时说："学校在保障学生学习成绩的同时，更重要的是教导了我们如何做人，能够让我们在历练中找到自己的定位。学校不是灌输'你要当学霸'这样的思想，而是让我们'成为你自己'。"他很留恋中学时的母校，"总之，经纶是一所令人留恋，令人时不时想回来看看的学校"。

曹宇辉老师在陈经纶中学工作了13年。13年来，她不仅见证了学校的发展，也从一名普通教师成长为一名北京市学科带头人。

对经纶中学，她有很深的情感："当我第一次走进陈经纶中学的校园时，就被这里优美的环境深深吸引住了。"吸引她的不仅仅是学校优美的环境，更重要的是校长张德庆提出的"建设个性化学校，成就个性化教师，培养个性化学生"的办学理念。动情之下，身为化学老师的她，写下了如此优美的文字：

我眼中的陈经纶中学就像是个调色板，用多姿多彩的颜色装点着自己，也装点着所有经纶人。

绿色，代表着经纶的未来，代表着朝气。在这里，没有年轻、年老，青春挂在每个人的脸上，大家在希冀中努力奋斗，在奋斗中充满着希冀。

蓝色，代表经纶的宽广，代表着辽阔。学校以博大的胸怀，拥抱着来自五湖四海的学生、老师，海纳百川，兼收并蓄，学生在这里翱翔畅游，追寻自己的梦想，涌动无限的激情。

黄色，代表着经纶的辉煌，代表着腾飞。经纶人每一天每一刻都在收获着喜悦和感动，学生成长中的每一个故事、每一幅画面都累积成了经纶厚厚的果实，累积成了经纶熠熠生辉的过去、现在和未来。

红色，代表着经纶人的感恩，代表着关爱。每个人在这里都找到了归属感，每个人都可以在这里圆梦。也许成绩奖杯可以锻造出辉煌，但只有碰撞心灵才能感受到刹那间的永恒，只有携手共进才能体会到艰难中的幸福。当时光流逝，岁月流转，我们也许记不清学生的样子，但是却会永远记得共同用感情所谱写的青春童话。

紫色，代表着经纶的尊严，代表着神圣。经纶是一座神圣的殿堂，她的尊严与骄傲是用历史书写出来的。她肩负着厚重的历史，屹立不倒，托起了万千栋梁立地擎天。她让所有的人懂得了价值的意义，懂得了爱与责任，懂得了四海一家。

白色，代表着经纶的纯净，代表着起点。这里有最新鲜的空气，有最纯洁的心灵，也有最青春的笑脸、最激扬的脉动，跟随着时代的节奏，奏出属于我们的青春乐章，用我们的希望挥洒出陈经纶中学更绚烂的明天！

13年的岁月，我的根深深扎在陈经纶中学这一方沃土中，这里就是我的家。学校给我的发展构筑了宽广的舞台，只有学校日益成长，不断壮大，我们每个人才能有良好的发展环境。陈经纶中学的未来之路也是我们的未来之路，陈经纶中学的成功，源于每一位师生的辛劳和汗水，只要大家共同努力，陈经纶中学的前程会更加辉煌"。

在师生们心里，张德庆是经纶发展史中不可或缺的"船长"、领航人。

用教育的理想追求理想的教育——"船长"张德庆的后十年教育生活，在经纶即将迎来95岁华诞之际，大幕正徐徐拉开。

（红袖子）

陈经纶中学办学理念

经纶校训：老实、宜强、勤奋、创新

经纶精神：老实做人、勤奋做事、自强不息、创新发展

经纶办学宗旨：建设个性化学校，成就个性化教师，培养个性化学生

经纶"三施教文化"：科学施教、因材施教、快乐施教

经纶学生学习观：尊重老师、学习老师、质疑老师、超越老师

经纶办学质量追求：爱生 + 和谐 + 效率 + 品质

经纶教师责任：我教我管我负责，让学生长分长能力长见识

经纶办学和管理文化：以校为本、以师为本、以生为本

（红袖子）

一个学校，一个标准；一体管理，一体打造

——北京市陈经纶中学集团化办学管理模式

陈经纶中学始建于 1921 年，历经崇贞学园、北平女子四中、朝阳中学、陈经纶中学四个历史时期，是北京市首批高中示范校。目前"一校十址"办学，包括：陈经纶中学高中校区、陈经纶中学初中校区、陈经纶中学嘉铭东校、陈经纶中学嘉铭西校、陈经纶中学帝景西校、陈经纶中学帝景东校和陈经纶中学保利分校，七个校区十个校址，涵盖了从小学至高中的 12 年基础教育，拥有在校生 8000 余人，在职教职员工 700 多人。

"北京市陈经纶中学教育集团"成立后，进行了"集团统一领导下的校长责任制办学"的初步探索：以"一个学校，一个标准；一体管理，一体打造"为原则，积极进行集团领导下的校长负责制办学的探索，在实现优质教育资源共享的同时，不断推进陈经纶中学的各项改革，全力打造"经纶优质教育品牌"。

一个学校

1. 统一的经纶办学思想

陈经纶中学各校区都秉承"为孩子们办学"的优良传统，全面践行素质教育，以"建设个性化学校，成就个性化教师，培养个性化学生"为办学宗旨；以努力"为每个学生的全面发展提供最适合的教育，为每个学生的健康成长提供最有保障的教育，为每个学生的个性培养提供最有特色的教育"为办学承诺；以"办学个性化、施教科学化、校园数字化、规模集团化、学习国际化"为办学目标和任务；统一思想，统一认识，并围绕《陈经纶中学首都名校建设规划与行动方案》，不断推进教育教学改革和确立工作立项，确保师生的全面和可持续发展。

2. 统一的经纶办学文化

陈经纶中学作为朝阳区唯一"全国文明单位"的学校，将文化建设蕴含在首都名校建设之中，以文化建设作为推动学校内涵发展的原动力。各校区都秉承九十多年的办学历史，以"老实、宜强、勤奋、创新"为校训，以"老实做人、勤奋做事、自强不息、创新发展"为经纶精神，使用统一的经纶标识、校徽、校训。在追求"办学个性化"和"施教科学化"的办学文化过程中，一方面以"实施做人德育，创建青春校园"的德育工作目标，面向整个集团，适用于小学、初中、高中，构建"三构建一加强"和"三深入一自主"的经纶德育工作模式，形成以学生为主体，坚持"全人教育"，呵护和培养学生健全个性的育人文化；另一方面，围绕着"教学民主性，课程多元性，学科和谐性，学习自主性"的经纶教改目标，大力倡导"科学施教、因材施教、快乐施教"的"三施教文化"。

一个标准

1. 统一经纶的质量标准

陈经纶中学各校区一致共识："素质教育是我们追求理想教育的高限，升学质量是我们支撑素质教育的工作底线"，既要保证学校中、高考的质量稳居在朝阳区的第一质量平台上，又要追求实施素质教育一流的办学质量。为此，陈经纶中学的综合质量标准统一确定为：办学质量 = 爱生 + 和谐 + 效率 + 品质。

统一的经纶学子培养目标是："让每个学生戴着健康的王冠，睁着理性的双眼，挺起自信的胸膛，装上知识的马达，扬起理想的风帆，插上科技和艺术的翅膀，翱翔出陈经纶中学，成为国家的英才和栋梁。"

2. 统一经纶的师德标准

陈经纶中学的师德建设也不断与时俱进，不断深化，经历三个发展阶段，形成三个层面的师德标准：一是体现责任意识的经纶师德底限，即"我教、我管、我负责"。二是体现教学相长的经纶师德新标准，即学生的学习态度来自老师严谨认真的施教行为和规范；学生的学习兴趣来自老师因材施教的教学方式和方法；学生的学科素养和能力来自老师科学施教的能力和水平；学生的学习成绩来自老师对教材和大纲的深刻理解和把握。三是体现人格魅力的经纶师德新境界，即人格境界高尚、思想境界深邃、学识境界宽阔、教学境界创新。

学校每年都按照标准，以30%的比例评选出百余名校级师德标兵和50余名校级优秀党员。

3.统一经纬的工作要求

陈经纶中学经过多年的实践和探索，形成了具有经纬特色的德育工作框架和教学工作框架，各校区的教育教学工作立项都是围绕这两个框架开展的。其中：

经纬德育工作八个模式为：(1)经纬自管自育教育管理模式；(2)班主任与班集体相托教育模式；(3)人生远足活动体验教育模式；(4)社会实践活动责任强化教育模式；(5)校园内大手拉小手互育教育模式；(6)学科育人的课堂德育模式；(7)经纬主题班队会教育模式；(8)个性化班主任为人师表教育模式。

经纬教学八个工作模式为：(1)促进教师专业发展的校本培训模式；(2)框架式备课等教研组建设工作模式；(3)校本课程和活动开设及选课模式；(4)科技人才班等优生培养模式；(5)骨干教师成长及梳理培养提升模式；(6)理性减负及有效课堂教材创新改革模式；(7)"人人参与，人人提升"的教科研工作模式；(8)读书、反思、提升教师星级自我发展模式。

一体管理

1.统一经纬的规章制度

陈经纶中学坚持依法治校，坚持"以校为本、以师为本、以生为本"，按照"安全、和谐、效率、成本、质量"的综合管理思路，统一管理制度，使陈经纶中学各校区的管理更加规范化和科学化。学校按照上级文件的精神和要求，坚持校长负责制、书记监督制、工会主席反馈制，建立了统一的《学校教职工代表大会制度》《学校重大问题决策制度》《领导班子汇报工作制度》《党员干部民主评议制度》《党、政、工联席会议制度》《校务公开》《党务公开》《陈经纶中学领导干部选拔任用工作实施意见》等制度，畅通了民主渠道，加强了民主建设。统一的规章制度，确保了各校区依法治校和办学的规范性。

2.统一经纬的组织设置和管理

陈经纶中学统一进行党政工团的组织设置和管理。陈经纶中学的岗位设置包括集团层面的和校区层面的。集团层面，设置集团校长、党总支书记、工会主席、集团行政副校长、集团初中副校长、集团教科研副校长，下设校长办公室、党务办公室、物业处、教科研室。校区层面，设置校区校长、校区支部书记、校区教育教学副校长，下设行政物业部、学生发展部、教学管理部三个部门。集团层面的各级干部和各校区校级干部由集团统一考核聘任，各校区中层干部由校区考核聘任。设立集团校长办公会和校区行政会，讨论研究学校不同层面的工作。集团校长办公会由集团副校长以上干部和各校区校长书记参加，重点研究解决涉及集团"三重一大"的相关事项和集团重要教育教学改革、重要工作的立项。

集团还统一人事管理和财务管理，设立集团层面的人事主管、财务主管，统筹协调各校区的岗位设置、教职工职称评定、骨干教师评聘等各项工作。

3. 统一经纬的考核评价

陈经纬中学为调动各校区教职工工作的积极性，本着"公平公正、多劳多得、优质优酬"的原则，统一制定了《绩效考核奖励方案》《中、高考质量奖励方案》《绩效工资发放方案》等各种评价奖励方案，各校区依据方案进行考核评价，并完成考核奖励工作。

一体打造

1. 统一经纬的教师专业发展规划

陈经纬中学追求学校的科学内涵发展首先要追求的是教师的专业发展。结合朝阳教委启动的"成就未来计划"、"打造精英计划"和"塑造名家计划"，陈经纬中学开展"人人参与、人人提升的教育科研"，以"教研组和学科建设"为抓手，确立"自我规划、三级平台、课题引领、网络论坛、读书开掘"五大成长路径，不断促进教师专业发展，成就个性化教师。《经纬教师专业发展规划》设置了"经纬教师专业发展阶梯标准"，推行"九年三段、三维七级"双层面管理目标。《经纬教师专业发展存折》从公开课、论文获奖、发表的文章、指导青年教师、荣誉称号、校本课程、学生活动、经验交流等十个方面记录自己的专业发展历程。教师每年对照《经纬教师专业发展存折》和《经纬教师专业发展规划标准》制定、修订自己的专业发展规划。学校还建立了"导师带教"、"骨干梳理"和"教学思想（特色）研讨"三级发展平台。"教育思想（特色）研讨"是学校搭建的教师专业发展最高端平台，推动教师向特级教师、正高教师、全国名师迈进。"骨干梳理"主要面对市骨干和区学带（学科带头人）、骨干教师，提炼教师教育教学特色，促进经纶教师个性化的教育教学风格的形成。"导师带教"面对更广大教师，采用层级带教形式，形成特级→市级学带、市级骨干→区级学带、区级骨干→普通教师的"金字塔"形带教体系，辐射大部分中青年教师。

2. 统一经纶的教育科研

为加强学校教育科学研究，促进干部和教师专业化发展，实现学校内涵式发展，我校成立了陈经纶中学教育科学研究会，并根据学校重点工作要求，下设六个专业委员会，即：学校管理研究会、教师专业发展委员会、班主任工作研究会、青年教师研究会、学生个性发展促进会和"义务教育九年四段"办学研究会。学校依托各研究会，开展各种研究，开展"人人参与、人人提升"的教育科研活动，逐步形成经纶的"三施教文化"。

学校建立了"四级四维"课题体系："四级"指国家级、市级、区级、校级四个级别；"四维"指校长课题、管理课题、教研组课题和名师骨干课题四个维度。

学校认为科研带教研，项目出特色，可以成就个性化教研组。因此，学校各教研组至少开展一个校级及以上级别课题研究，开展参与体验，提高课题研究能力。我们用"参与式培训"，增强"课题研讨"的培训功能。比如，开题，每个校区都要开展一天七个课题集中开题，区级课题数量不够的校级课题一起开题，课题组教师要全部参加本课题开题，老师利用没课的时间至少参加两个课题的开题，教学处负责考勤，教师均要填写培训记录，计入继续教育学分。

在此基础上，集团各校区的初中部，充分统筹各校区优质资源，开展统一的校本教研，进行统一的框架式集体备课，召开集团初中部的教育教学研讨会，开展集团不同学科同课异构教学交流活动。每学期集团统一部署期中、期末考试相关的试卷命题和集体阅卷工作，确保了各校区初中部教育资源的共享，促进了教学质量的提升。

3. 统一经纶的校本培训

　　每年学校全体教师在寒暑假都会集中参加 6 ～ 10 天的校本培训，每次的培训都是围绕学校教育教学改革、重要工作立项和教师的发展需求，进行教育、教学、教师专业发展、教科研等不同领域的专题培训或主题系列培训，以建立教师整体的职业认识，提升工作标准，提高教育教学效益。为保证校本培训的实效性和教职工的参与性，每次培训，学校都精心设计培训方案和培训手册，同时将培训情况计入教师继续教育学分。

（张德庆）

我的教育观

学校与管理

学校应该是一个有序、开放而且灵动的"管理场",有效的学校管理就在于充分激发这个"场效应",做到"干部围着教师转、教师围着学生转、学生围着素质转、素质围着社会的发展和需要转"。

理想的校园应是真心为孩子们创设的充满青春韵味的校园;是各种教育教学活动能深深吸引学生,并能给予学生知识和能力、有助于培养学生个性的校园;是一个可持续发展、师生都能按照素质教育理念共同发展的校园。

学校工作归根结底是育人,实现育人的目标关键是创建一个以学生为主体、为学生设计、让学生参与、要学生发展、使学生满意的育人体系。

为孩子办教育就是为孩子健康成长做实事。

"办学个性化"就是建设个性化学校、成就个性化教师、培养个性化学生,就是努力让我们的学校、我们的老师、我们的学生都有自己的专长、特点和风格,并扬长避短地成长发展。

素质教育的根本目的是为了促进每个学生发展健全的个性,而我们在促进学生发展健全个性的过程中,往往注重外在的养成教育,而忽略了对学生原认知的挖掘和培养。

学生是学校德育的主体，如果德育过程没有学生参加就不能体现这种主体性。因此，必须想方设法调动学生参与的积极性，这样才能保证德育的实效性。

"校园数字化"就是要加快校园数字化建设的水平和步伐，使学校的教学、管理和学生自主活动都能建立在最优的数字化环境之上，适应信息化社会的发展与要求。

要以教师的发展为本，为教师尽善尽美地施展个人的能力和特长创设需要的氛围和一切可能条件的工作思路，教师想多远，学校的平台就搭多远。

教育的本质是育人。因此，教育必须关注人的生存和发展，以人为本，促进学生个性健康、活泼、主动地发展，培育出个性化的学生。这是陈经纶中学教育的最终目标，也是对学校教育和教师劳动的最根本和最有效的检验标准。

每一个人的潜能都是无限的，只是很大一部分还尚未开发。只要学校尽可能多地提供平等、民主、宽松的发展平台，孩子拿出热情和行动，他们就能轻松学会自主发展。

学校要让全体教职工感受到家的温馨，首先成为老实人和幸福人，再成为和谐人，进而做专业人和事业人。

教书与育人

今天，教师的角色变得多元，他们不仅是知识的传授者，更是课程的设计者、教育资源的利用者和创造者。他们不仅是学生学习的伙伴，是与家长社区交流的沟通者，更是学生精神成长的守护者；尤为重要的是，他们还要在未成年人面前带头成为积极的学习者和研究者。这正是由于现代教育生活本身的更新，以及教师职业角色的多元，使教师职业素养的内涵不断生长、日渐丰富，并由此催生和锤炼出我们这个时代的优秀师德品格。

首先，教师道德的基础应该是对学习者的关怀。传统师德也讲教育之爱，但今天的教师关怀不再是单向的，不再是一厢情愿的，更不是强加的、控制式的，而是平等的、负责任的，是师生间彼此能够感受到的。今天的教师关怀源自对学生人格的尊重，尤其体现在对每一个孩子的一视同仁，对每一个孩子的真情实意。

新的教育改革要求教师不仅要关注传授知识的量，更要关心学生在学习过程中的感受，善于将知识、能力、情感、态度、价值观作为一个整体体现到具体的教学过程中，致力于把学生培养成有学习热情和愿望、坚韧而自立的学习者；把发言的权力、探究的权力、犯错误的权力归还给学生，并在尊重学生的基础上，与学生平等交流、共同探讨，让教与学在平等、和谐、融洽的氛围中有序进行。

教师应该客观地看待自己的职责，树立正确的教育目标，不要越俎代庖，不要去为孩子一生的发展作出设计和规划，那样不是为孩子办教育的做法，也不是实事求是的体现。

教师应该将以孩子发展为本作为基本理念，以转变学习方式和培养综合能力为改革目标，关注每一个孩子，相信每一个孩子的内在潜力，让每一个孩子参与学习的全过程，给每一个孩子创造一分自信与成功。

教师应该认识到学生的成长如同植物的生长一样，需要"阳光"、"雨露"、"养料"，教师不断地给予学生真诚的鼓励和支持，并在适当的时机进行指导和点拨，就能使学生茁壮成长。当学生精神不振时，教师借助巧妙的手段，就能点燃学生好奇的火花；当学生茫无头绪时，教师应通过设置问题的情境，给学生以智慧的启迪；当学生过度兴奋时，教师又通过正确的引导，或委婉的交流，使学生归于平静；当学生缺乏信心时，教师应从学生的实际情况出发，让他体验到成功的喜悦，增强自信心；当学生用学到的知识主动去解决问题时，哪怕是取得一丁点儿的成功，教师都应该以鼓励的口吻，让学生读出老师眼睛里所寄予的期盼……在教育教学过程中，如果师生关系处于一种平等、信任、理解的状态，那么它所营造的和谐、愉悦的教育氛围必然会产生良好的教育效果。

素质教育不仅要追求全体学生全面发展，还要追求发展过程和方式的生动活泼，充分开发和培养人的个性。

我的教育理想，就是让喊了十几年的素质教育在陈经纶中学落地生根，让长期挂在学校墙上的口号变成校园里的日常教育行为。

应该还教育的本来面目，实实在在考虑到孩子们的感受和要求，为孩子们的成长办点实事。

素质教育的关键在课堂，课堂的关键在教师，教师的关键在教法，教法必须贴向学法。

只有充分发展了学生的个性，才能更充分地培养学生的全面素质，素质教育才可能摆脱单纯应试和片面升学的阴影。

有棱角的教师，往往就是有风格、有特色的教师，而这些都是学生喜爱的。不是我看重教师的棱角，作为校长，我必须为学生挑选他们喜爱的教师，这样才能激起他们的学习兴趣。

爱是教育的真谛，爱是教育的源泉，爱是教育的动力，爱是师德的灵魂。青年教师成为名师必须以爱为基础，离开了爱，就像高楼没有了地基，就像大树没有了根。从师德的角度诠释爱，爱就是奉献，爱就是尊重，爱就是宽容，爱就是严谨，爱就是负责，爱就是质量。

最适合的教育是什么：就是教和学的民主性，学科之间的和谐性，课程设置的多元性，学习过程的自主性。让孩子们得到真正的实惠。

班级是学生在校生活的"家"，是家就必须有规有矩，况且，班集体建设的状况还直接影响德育的实效和氛围。

学生活动的过程是丰富人生阅历的过程，也是自我教育的过程，更是寓教于乐的过程，还是全面发展的过程。

学生没有棱角，民族的未来与创新便是一句空话。

教与学

"施教科学化"就是要按教育的规律、学习的规律去组织教学，让每个学生成为学习的主体，让每位同学的潜能都能得到最大限度的开发，保证每个学生的全面成长和发展。

每个教师在课堂上必须帮助学生建立起新的学习观：尊重老师、学习老师、质疑老师、超越老师。

教师在教育自己不喜欢的学生时要做到"嘴下留情、手下留情、笔下留情、处理留情"。

教师专业发展有四个模式：第一是自我发展模式；第二是同伴互助模式，包括结师徒对子；第三是组织推动模式，包括教研组和学科建设；第四是管理培养模式。这四种模式中相对宽松、相对自由且工作幸福指数较高的是自我发展模式和同伴互助模式。暑假启动的网上论坛，坐而论道，不仅读书而且交流，就是自我发展模式，也具有同伴互助模式。

学生认真的学习态度来自教师严谨认真的施教行为和规范，学生的学习兴趣来自教师因材施教的教学方式和方法，学生的学科素养和能力来自教师的施教能力和水平，学生的学习质量来自教师对教材和大纲的深刻理解和把握。

（张德庆）

特 色

北京市陈经纶中学作为首批市级示范校，秉承学校近百年来形成的"学而事人"和"育人为本"的办学传统，充分尊重教育教学和学生心智发展规律，在全面践行素质教育、不断加快学校个性化建设步伐、全面提高学校的综合办学质量和水平、追求办"人民最满意学校"的进程中，形成了很多学校特色。

三个"个性化"

陈经纶中学全面践行素质教育，着重用科学化和个性化追求学校的内涵发展，全力打造首都名校具备的办学风格和特色，坚持"建设个性化学校，成就个性化教师，培养个性化学生"，为每个学生的全面发展提供最适合的教育，为每个学生的个性培养提供最有特色的教育，为每个学生的健康成长提供保障。

"五化"办学

陈经纶中学确定的努力实现"办学个性化、施教科学化、校园数字化、规模集团化、学习国际化"的首都名校办学目标和任务，是从不同角度推动学校建设和发展的措施，也是促进学校整体发展的手段。个性化是办学的基础，学校办学的人性化首先要体现个性化；科学化是办学的方向，科学施教是落实素质教育的主渠道；数字化是办学的条件，校园信息化水平是一流的办学硬件；集团化是办学的效益，规模也是一种办学效益；国际化是办学的潮流，世界经济一体化将促进中外教育一体化。

（1）办学个性化——继续坚持"建设个性化学校，成就个性化教师，培养个性化学生"的办学方针，通过个性化加快学校各项工作的特色发展，逐步形成具有陈经纶中学特色的育人模式和办学模式。

（2）施教科学化——继续坚持科学发展观，在科学施教和管理创新两方面追求内涵发展，并通过追求教学的有效性、德育的针对性、管理的科学性，落实"提质、减负、增效"，全面推进素质教育，全面提高一流的办学质量。

（3）校园数字化——继续坚持数字化校园的建设，构建现代学校的信息办学平台，并以此改变传统的教学方式、学习方式和办学方式，引领学校朝着现代化创新发展，保证学校办学硬件的一流水平。

（4）规模集团化——继续坚持陈经纶中学必须"做大、做强、做活"的发展方针，用集团化的管理方式巩固"一校十址"的办学局面，深入探讨集团运作模式，努力打造经纶教育品牌，充分发挥优质教育集团的辐射作用。

（5）学习国际化——继续坚持教育的"三个面向"，扎实推进经纶国际教育的筹建和发展，积极与国际教育资源合作，自觉将中外教育有机融合，提炼最优质的教育方式，满足学生追求多元优质教育的需求。

"三施教文化"

《陈经纶中学首都名校建设规划与行动方案》中提出的"三施教文化"——科学施教、因材施教和快乐施教——是学校教研组和学科建设的三步走，是学校整体教学工作框架的代名词。"三施教文化"中，科学施教追求的是陈经纶中学教学的搭架子的过程，因材施教是有血有肉的过程，快乐施教是享受成功的过程。"三施教文化"，是陈经纶中学教学当中追求的搭架子、填血肉和享受成果的过程。

（1）科学施教——针对教师个人的能力和水平，要求经纶教师必须做到"五度合一"，从而把握好课堂教学的尺度和过程，提高教学有效性才能实现科学施教。因此，有针对性地把握知识的高度、能力的厚度、时间的长度、学生的难度、考试的变度就是科学施教。

（2）因材施教——针对学生学会而言，要求经纶教师必须围绕着如何把学生教会，做到"五点到位"，探究并形成最有效的方式或方法，对症下药，从而保证教学的质量。因此，区别认知的起点、把握兴趣的重点、确认教材的考点、解决学习的难点、抓住能力的焦点就是因材施教。

（3）快乐施教——针对依法执教而言，要求经纶教师规范施教，必须自觉做到"五个统一"，包括：一致减负提质、共同杜绝违规施教、合力构建有效教学、师生共同发展、保证首都名校的教学质量，才能形成和谐良好的教学氛围，才能促进师生的共同发展，才能享受真正的快乐施教。

（张德庆）

2. 九年四段，一所学校的特色发展之道

她从教30年，历任班主任、一线教师、学校管理者，有丰富的班级管理经验，扎实的一线教学功底和丰厚的学校管理经历，各种奖励称号荣耀从教生涯。从市级教坛新秀、省级优秀教师，到2015年入围"中国最美校长"评选，她践行"建设嘉铭新秩序，开启发展新纪元"的理念，进行了德行教育体系构建和德行实践课程建设工作，开展"优化课堂教学模式"、"阅读主导及学科回归"，短短三年的教学改革，使学校实现了"朝阳品牌校，北京市名校"的目标。她就是北京市陈经纶中学嘉铭分校校长李升华。

印象

李老师

　　她喜欢别人称她"李老师"，因为她有很深的教师情结——"我从小就喜欢当老师，家里人都在当老师。"

　　"李老师"不属于伶牙俐齿型，平时只有简单的交流、干脆的言语。但只要谈起嘉铭分校，"李老师"便会让人领教到她的滔滔不绝、眉飞色舞。

　　嘉铭校园的一草一木、一人一物，没有逃得过"李老师"法眼的。用老师们的话说，"她记性超好！"全校一百多位教职工，每个人的业务能力、工作态度和个性特点，"李老师"像个称职的大班主任，说起来一针见血、入木三分，尤其能如数家珍地说出每一位教师取得的各种成绩和荣誉称号。

　　对于管理学校，"李老师"很有一套自己独到的方法——率先垂范，坚持到底，奖罚分明。

　　校长身份的"李老师"，思维前瞻，雷厉风行：2011 年，开始尝试九年四段优化课堂模式探索；2012 年，嘉铭分校率先把书法课和形体课纳入学校课表并在全校推广；2013 年，推出"全学科阅读主导教学方式"和"学科回归、学科融合教学改革"……短短二三年，风生水起的"嘉铭"就成为业内的佼佼者。

　　"李老师"很多时候是和善的，逢年过节，她总会自己出钱买礼品慰劳学校的员工，平日也经常买来水果、饮料分给员工。学校无论哪位老师有事，她都会仔细过问并热情相助。

　　"李老师"是一个眼里容不得沙子的直爽人，工作中出现什么问题，她会不留情面地对当事人进行严肃批评和处理，用她的话说就是"教育无小事，事事需用心"。

　　学生最爱去的也是"李老师"办公室，和她谈心，反映问题。所以，在"李老师"的办公室，你会经常遇到边吃着她买的棒棒糖边跟她聊天的学生。每每学生提到诸如假期作业、评优公平、班级活动等等问题，她总是亲自落实并予以答复。

"李老师"还很爱美，半长的卷发、淡淡的妆容，衣着知性而优雅，或长裤款款，或长衣飘逸，或简单裙装。她不喜花色，只喜欢素色搭配，尤其喜欢黑色衣服上跳跃着一枚花色胸针，或用一条腰带、一条小丝巾点缀。

闲暇时，"李老师"也会跟大家"八卦"网购的种种，原来，她也是网购的支持者。

（孙　新）

"最美校长"的心路历程

"嘉铭分校的探索，对目前正在朝阳区推行的义务教育学区化综合改革、探索九年一贯制学校办学成功经验提供了很好的借鉴。"2014 年 12 月，北京市朝阳区教科研大会在北京市陈经纶中学嘉铭分校召开，"嘉铭"的展示获得了与会专家和教育同仁的高度评价。

坐在台下的嘉铭分校校长李升华思绪万千：嘉铭分校三年来的飞速发展，不仅是对她心血的回应，更是她挑战自我和自我突破的不凡历程。

2009 年，李升华来到陈经纶中学，经历了一个自我彻底否定的痛苦过程：以前在外地做过八年行政工作，认为自己还行；调来北京后老老实实地教了八年书，认为自己很棒；2009 年 8 月进入陈经纶中学，感觉自己有了差距。

压力变成了动力。在经纶的六年，她从德育主任成长为德育副校长，2011 年，她担任了嘉铭分校校长。自我反思、不断改变，让李升华快速成长起来。

经营学校的发展就像经营婚姻

当成绩成为学校可见的辉煌时，人们往往会想，这个学校的校长一定是具有发展眼光和领导力的人，很少有人会去关注这个校长曾经的彷徨和纠结。

2009 年 8 月，在嘉铭分校建校的第七个年头，李升华走进了这所学校。她深知责任重大：陈经纶中学要在做强的基础上做大，嘉铭分校的发展被定位为"朝阳区有影响力、北京市有一定地位的"首都名校的分校。嘉铭，应该成为集团发展之劲翼。

在这样一个变革时期加入嘉铭，她的头脑中忽然闪现"七年之痒"这个词。因为在李升华看来，经营学校的发展就像经营婚姻。

在"七年之痒"之际走进嘉铭，李升华认为，自己应该首先了解这个学校的发展历史，审视学校存在的价值和面对的问题，并告诉自己，永远不要把自己置于一个陀螺架上——只会旋转，没有方向。人，要明白自己想干点什么，应该干点什么，能干点什么，无论自己居于哪个岗位。

她思考着，学校的根本价值存在是文化存在，学校的最高管理是文化管理，学校的最高建设是文化建设，它们是贯穿于学校中且如同"魂"一样的力量要素：共同的价值观念、思维习惯和工作方式。

嘉铭分校成立以来，凝聚了很多人的心血。建校以来，依托陈经纶中学不断创新的教育教学理念，历任领导致力于夯实基础、追求一流的成绩，为嘉铭分校的发展奠定了雄厚的办学基础，使嘉铭分校具备了一定的办学实力。

接手嘉铭分校之后，李升华明白，自己肩负着继承经纶九十年传统的重任，要承袭嘉铭近十年的积淀，旗帜鲜明地形成嘉铭的风格，"要在这个基础上，打造和提炼嘉铭分校的特色和文化！"思路一理清，行动即开始。

嘉铭分校要办成具有可持续发展力和具有办学品质的学校，必须坚持"文化立校"的根本。嘉铭分校的学校文化是要建立"最适合的，最有保障的，最有特色的"教育氛围，以"老实、宜强、勤奋、创新、奉献、和谐"作为嘉铭精神，着力打造"书香敦品，德行励学"的文化建设特色，以"德行教育"作为校园文化建设的核心；让孩子们坚持内心的纯洁、品行的仁厚，获得终身受用的为社会和他人认可的立身的本领，实现"学得踏实，玩得尽兴，行得方正，说得高雅"的学生文化建设目标；要通过德行施教和施教德行去影响、培育每一个学生，让他们从踏入嘉铭的第一天起，就在接受熏陶，收获知识，提升内涵；要通过学校德行文化的氛围去完善、提升每一位教师，让他们在登上嘉铭讲台的那一刻起，就用智慧点亮课堂、把尊重带进课堂、用微笑装点课堂，用严谨与创新激发学生的兴趣，用理解与包容培养学生健康的心灵。

带着经营婚姻一样的深情和精心，李升华与嘉铭人一起行动起来。

管理者一定要做施足底肥的事

作为一个校区的负责人，李升华执着而又坦诚、平实而又深邃，她真实地想，真实地说，真实地做。她在管理中努力学会发现新情况、新问题，捕捉新机遇，采取新措施，建立新机制。

　　"嘉铭现在就好像处在一座高架桥上，是架桥还是回环向前？"她说，"我希望团队中不断有一个点子，产生一个构思，更要调动一个团队来实现。"一项工作使人有了积极性便是点子的副产品，就是人们最推崇的"点子效应"。在探索的过程中，嘉铭人尝到了甜头。

　　面对学校在教学方面已取得的优秀成绩，李升华对全体教师说过这样的话：学校的办学水平归根结底取决于教师队伍的水平，实现的途径有两条：促进教师队伍专业发展和建立教师队伍激励机制。她说："嘉铭分校要打造通过教研组和学科建设促进教师专业发展的特色，并通过教师专业发展，落实陈经纶的办学理念，提升嘉铭的办学质量、特色，这是嘉铭发展的康庄大道。"

　　"学校管理中，管理者一定要做施足底肥的事，再就是剪枝，教师专业发展的花一开，必定结出学生全面发展的硕果，通过教师的发展促进学生的发展，用学生的发展证明教师的能力；教师的管理不能单纯依靠行政管理，要通过教研组和学科建设来落实，这样才能通过激发教师的专业发展促进教育改革和创新。"2012年学年工作总结大会上，李升华对学校改革和发展这样比喻。

　　李升华就这样带着领导班子，做起了施足底肥的工作。

　　教学工作最具生命力的状态必定是全体教师"八仙过海，各显其能；教有定则，特色纷呈"。回顾嘉铭的发展，审视嘉铭取得成绩的历程，不难发现：嘉铭分校发展的根本是提升教师的综合素养、施教能力和水平；嘉铭分校办学的个性化，是具有经纶特点的定位、特色、标准、品质和经验，通过加强学科建设，继承陈经纶中学办学传统，提升教研组能力，提升办学质量；嘉铭教研组学科建设是促进教师专业发展的一个最具优势的起跑平台。

　　因为领导者施足了底肥，嘉铭分校培养了一大批具有个人施教特色和课程设计、实施的能手，仅仅几年，嘉铭分校的办学便风生水起。

关注身边的每一位教师

　　2015年，李升华入围"中国最美校长"评选。

　　"与其伪装自己，不如做真实的自己。"李升华是一个率真和坦荡的人，对于成绩，她既欣慰，又有些惶惑，前行的压力更大了。

刚接任嘉铭分校校长的头一年，李升华感觉自己欠缺很多，因为自己一直在中学工作的缘故，与小学教学有距离感，因此她无法走进课堂去评价一节课，她认为这是作为校长很惭愧的一件事。于是，她自己努力去尝试，深入一线去感受，一年多来，每次走进教室听完课，她必定要参加评课，有时发表自己的建议，有时就只是认真记录别人的评价；尤其是教研员走进校园时，她必定全程参与，认真聆听，每周听课不少于三节，在每次与教研组长沟通时，必定要请教教学方面的问题；抽测、检测的试题，她都要去做一做，有教师要做展示课，她全程参与试讲、教案修改和评课。时间绝对能积累财富，现在，当她再走进小学部的课堂，对老师的课堂教学提一点建议，和教学干部、教师一起研讨课堂教学模式，得到老师的赞许时，她都会有一种成长的喜悦，因为她相信他们对她的赞同绝不掺杂附和和恭维。

作为一个校长，李升华在严格和公正中，对身边人充满热情和关爱。她关注身边的每位教师，善用夸张的手法激发热情，因为她认为学校的每个人都是一个重要的角色，因为每个人都重视自己，所以要学会重视每个人。考试取得好成绩了，她要给他发个短信祝贺一下；赛课成功了，她得给他打个电话；获奖了，她要走进办公室祝贺他。

小乔老师物理成绩很棒，她在全体教师会上封其"朝阳物理第一人"的称号；刁老师带领孩子们在近两年科技创新大赛上不断取得成绩，在全体教师会上，她连续表扬四次，并在校园大屏幕上滚动播放，刁老师的工作积极性更高了。

说起刚刚结束的2014—2015学年工作，她感动，全体教师竭尽心力地付出和一如既往地努力，让每个人身上的每个故事都那么动人。三年级的冯老师期末阶段生病，不用学校安排，一早，便有同年级的四个老师主动走进班级管理班级、代课，大家自觉分工，各司其职，学生的学习进度没有受到丝毫影响；中考和小学质量检测结束后，嘉铭分校又取得朝阳区领先的好成绩，而老师们说得最多的一句话是：还有遗憾，得找机会和下一届老师说说。

于是，2014—2015学年总结大会上，李升华提前为40位全体提名的优秀教师每人写了一条短信，针对每个人的特点表达赞美和感谢。结果，短信引起的轰动超出意料，那几天的嘉铭教师群中，晒短信成了时尚，大家纷纷表达自己的心情。一条短信，让李升华了解到嘉铭教师所求之简单，与每个人的辛苦付出相比，一条简单的短信何以相称，老师们却如此满足！

这件事引发李升华更多的思考：校长，应该学会更多地给予老师们精神上的满足，让老师们通过简单的方式获得无上的快乐。

今天的李升华，满怀信心带领嘉铭人，以文化滋养精神，以理念引领团队，以行动铸就品牌。

（于永涛）

对话

九年四段，一所学校的特色发展之道

九年四段办学模式，是指在坚持义务教育九年一贯制整体育人目标基础上，结合学生身心发展规律及学校办学实际，有针对性地将九年义务教育划分为四个学段，第一学段（1～2年级），第二学段（3～5年级），第三学段（6～7年级），第四学段（8～9年级）。对学生的发展进行整体规划，分阶段实施，加强教育的衔接，并重点对教育目标、教学方式、教育评价无痕迹衔接的设计，实现自然、顺畅、科学贯通的教育，让素质教育落地生根，从根本上减轻学生的课业负担问题，实现真正意义上的"以学生为本"。

九年四段教育模式的建立与特色的形成，无建模思想引领，也无任何教学流派为依托，如何完成？北京市陈经纶中学嘉铭分校给出了答案：三年多来，从36个教学班，每天发生的228节课中思考、积累、创新。

问：嘉铭为何要开展九年四段优化课堂模式探索？

李升华：从2003年办学伊始，嘉铭分校就确定了办学的高标准，并全盘移植了陈经纶中学的管理体制和办学经验。经过近10年的实践后，学校开始思考：嘉铭分校的可持续发展力究竟在哪儿？有没有具有"本土特色"的教学思考？我们有没有抓住教学中最具有核心价值的东西？我们的教学研讨是关注在教师怎么把学生教会上，还是真正落实在了学生怎么学会上？让学生学会需要从哪些环节着手？嘉铭分校36个教学班每天发生的228节课，它们之间有没有共性的东西，40分钟教学过程中最具实用价值和最具效益的环节是什么？

一系列的冷静思考与不断自问后，2011年9月开始，学校确立了"建设嘉铭教学新秩序"的工作目标，组建九年四段大教研组，提出以"教学目标最明了，教学流程最简洁，教师指导最精辟，学生参与最广泛，学习效果最优化"为内涵的嘉铭优化课堂教学模式探究。在总结与反思中，逐渐完善了优化课堂教学模式构建和九年四段学段教学特色打造。专家认为，嘉铭的探索对全区推行的义务教育学区化综合改革、探索九年一贯制学校办学成功经验提供了很好的借鉴。

问：为何说嘉铭九年四段优化课堂模式构建，无建模思想引领，也无任何教学流派、教学模式为依托？

李升华：嘉铭分校优化课堂模式的构建探索，从一开始就定位"构建适合嘉铭课堂教学现状的科学、简约、有效的课堂环节"，我们没有对某一种模式的模仿，也没有寻求科学理论的支撑，因为每个环节都是未进行预设的。来自一线的教师有教学规范的素养和对教材及大纲理解把握的能力，教师对课堂有深刻的理解，我们只是集中了全体教师施教过程中最精彩、精致的环节，集中了每位教师最科学有效的策略，并通过重组、整合和再加工，逐渐形成的。

问：嘉铭九年四段优化课堂有哪些特点？

李升华：优化课堂突出的特点之一，是抓住了提高教学质量的"最见效的因素"——学生主体参与度，并把它作为主要的评价标准，提升了学生的学习力。特点之二，是体现了"习惯奠基，学法支撑，教学促进"的师生观念。特点之三，是践行了"依托学科研究，推出普适性的教学模式；依托教学管理策略，抓实常态课的教学质量"的教学提升策略，疏通了打造优生的主渠道——课堂。

问：九年四段优化课堂的核心思想是什么？

李升华：我们把嘉铭九年四段优化课堂与巴班斯基教育专著《教学教育过程最优化》中对优化教学的阐述进行比较，它体现了以下几个核心思想：

教授最优化的第一个方法是综合规划和具体确定学生的教养、教育和发展任务；第二个方法是教学内容符合教学任务，突出教学内容中主要的、本质的东西；第三个方法是选择最适当的课堂教学结构，即提问、新知学习、练习、巩固、作业、小结等的顺序；第四个方法是教师自觉地为完成一定教育教学任务选择最合理的教学方法和手段；第五个方法是对学生采取区别对待和个别对待相结合的方法，把全班的、小组的和个别的教学形式最优地结合起来；第六个方法是采取专门措施来节省教师和学生的时间，选择最优的教学速度；第七个方法是按照最优化准则来分析教学效果和师生的时间用量。

问：九年四段优化课堂推进以来，取得了哪些成效？

李升华：优化课堂模式探索走到今天，我们欣喜于它给学校带来了很多收获：学习方式的转变激发了学习兴趣，提高了课堂效益，丰富了课堂内涵，提升了学生能力；教学方式的转变带来了新型的师生关系，提升了教师的施教能力，促进了教师的自我提升，形成了良好的合作教学氛围。

2011 年，嘉铭小学部获得朝阳区"首批小学素质教育示范校"称号，连续三年被评为北京市素质教育和评价"先进单位"称号；2013 年，获得中国教育盛典"最具幸福感的学校"荣誉称号，2014、2015 年，分别以平均分 530 分、531 分，优秀率 96%、93% 的成绩蝉联朝阳学校之首，并被京城媒体称为"北京市最牛学校"，2013、2014 年中小学教学考核全优……嘉铭分校以办学的综合实力向嘉铭社区交上了一份满意的答卷，为陈经纶中学赢得了荣誉。

在嘉铭中小学教学质量稳步提升的同时，我们更坚信嘉铭具有的可持续发展力，更欣慰于孩子们的全面发展：2014、2015 年朝阳区科技创新大赛，嘉铭分校有近八十项参赛，占朝阳区参赛总量的近三分之一，有二十多项晋级市级比赛且获得多项金奖，并参加全国联赛获奖；机器人社团近 45 人参加世锦赛和亚锦赛分获金奖，成为北京市获奖最高的代表队；艺术社团多次获得北京市一二三等奖；2013 年被评为朝阳区科技示范校和朝花艺术团……这些成绩来自课堂，来自自主实践的灵感，也是优化课堂的辉煌成果。

问：目前，有关九年四段优化课堂有哪些新的计划与目标？

李升华：2015 年，我们将在确保优化课堂的前期成果、站稳优质教育的脚步的基础上，致力于引导并指导全体教师，对九年四段优化课堂模式进行理性思考并主动深入落实，进而形成教师个人施教特色，即站在中高考制度改革渐趋成熟和逐步推广的背景之下，对课堂教学方式再进行思考和整合，强化"减负落实"

纳入师德建设体系中；强化"多元作业"融入常态规范要求中；强化"常态监控"进入教师评价标准中；强化"校本材料"深入国家课程使用中，与教育要求合拍并入轨。

我们坚信，只要我们坚持做下去，嘉铭分校为孩子创设的必定是幸福的乐园、自信的舞台、成长的摇篮、成才的沃土。

（段　飞）

管 理

嘉铭文化是这样炼成的

陈经纶中学嘉铭分校十二年办学探索，在"老实做人、勤奋做事、自强不息、创新发展"的经纶精神引领下，践行"全面地修养，坚定地爱国，快乐地学习，健康地成长"的全人教育理念，为每个学生的全面发展提供最适合的教育，为每个学生的健康成长提供最有保障的教育，为每个学生的个性培养提供最有特色的教育。

科研兴校的教学文化建设

首先，教研组学科建设全面推进"人人参与、人人提升"的科研氛围与嘉铭分校九年四段的办学特色相融合的教改，真正根植于学生发展实际和课堂一线实践，形成的是"科研兴校、科研自强"的氛围和认知，也促进了"依教改而发展，依教改而领先"的科学行动。

其次，嘉铭分校大教研组的建设，通过"教研组发展思考、教研组教学评估、教研组框架备课、教研组学科研讨活动、新技术新标准实施"实现了教研组发展的与时俱进和服务实效性，教师团队成为"教学观念新、基本功过硬、教学特色彰显"的优秀团队。

德行为先的思想文化建设

嘉铭分校的学校文化建设定位是"儒雅、和谐、多元、开放"，嘉铭教育必须教会孩子坚守德行、崇尚修养才能让知识教育绽放文明的光华。嘉铭分校以小学部为主体，通过德行教育的实践主线，形成九年四段的阶梯链条，让嘉铭分校的学生身上呈现经纶特质：崇尚在认同中激发热情，在规范中回归本性，在个性中张扬人性。学生由爱己到爱人、人爱，使个性得到提升。孩子们懂得挚爱同学、老师、学校，挚爱社会、民族、国家，他们追求的快乐在于得学之乐，耐学之苦；学会为他人服务，为社会服务；善于表现自我，得到认可。

1. 文化布置彰显育人理念

校园文化布置融中华传统文化和现代教育为一体，以传统国学为依托，进行"做人"教育思想的渗透，是我校教育思想的体现。嘉铭的环境建设要通过愉悦学生的视觉感受，让学生感受到"我的学校就是我的家"。本着"每一面墙壁会说话，每一个角落都生动"的宗旨和"传统文化、学生参与、人文理念、书香特色、生态观念"的理念，让校园的处处成为陶冶学生的"主体的画，无声的诗"，打造嘉铭特色的教育。

(1) 让每一个学生插上艺术的翅膀。嘉铭分校着力打造九年四段教育的特色，以"高段课程下移，跨学段兼课，校本课程支撑"的方式，实现了嘉铭艺术教育的百分百，每一个学生能够在老师的辅导下，感受艺术的趣味，接受艺术的熏陶，长养艺术的智慧。

(2) 让每一个角落绽放艺术的花朵。嘉铭分校将"每一个学生都是艺术家，每一个角落会开花"作为学校文化建设的理念，对校园橱窗、走廊、墙面、柱子、洗手间进行合理地利用和开发，用不同的色彩和艺术风格把学校装点成艺术的天堂。学生们一踏入校园，就会被学校浓郁的艺术氛围感染，体验到美的愉悦；学生们在耳濡目染中陶冶情操，完善人格。

(3) 让每一个学科得到艺术的浸润。学校开展了艺术教育向其他学科进行渗透的尝试，在这些丰富多彩的德育活动中，学生的艺术想象力得到了发挥，思想品质也得到了提升。

(4) 让每一项活动成为艺术的平台：①多样的社团，为学生特长发展提供机会；②一年一度的艺术节是嘉铭分校的传统项目；③让学生走出去参加公益活动，开阔眼界；④师生交流，提升社团水平和影响力。

2. 九年四段课程践行育人思想

(1) 学校完成了《九年四段学生实践活动手册》上下册的编写，完善了以"规范立德、正行育德、怡情养德、感恩怀德、励学尚德"分别作为月主题的实践活动体系，形成了以学生个体需求和特长为基准、以社团建设为支撑、以年级和班级为单元的活动模式。实践活动手册为每个学生每学期提供了35项菜单式活动项目，调动了网络资源、社区资源，实现了在整合中的效果最优化和效应最大化。依托《九年四段学生实践活动手册》制定"九年四段学生德行培养目标"，系统构建了九年四段主题教育活动课程体系，通过学科整合提高活动的深度和广度；通过完善学生入学和毕业班工作模式，完成一、五、六、九年级衔接教育课程的编写，实现嘉铭九年四段的有效衔接。

（2）学校将九年四段实践活动体系进一步完善，形成固定主题活动，加强学科整合，提高活动的深度和广度。比如寒假"做一个有道德的好少年"实践修养活动、六月份"红领巾心向党"社团展示艺术修养活动等。

（3）依据"嘉铭学子素质教育五四标准"去影响、培育每一个学生，让他们从踏入嘉铭的第一天起，就在接受熏陶，收获知识，提升内涵。通过"施教德行"去完善、提升每一位教师，即"为师有德、授课有法、施教有格、工作有绩"，也造就了嘉铭教师"快乐于学生的快乐，幸福于家长的幸福，成就于自我的价值，忠实于教师的荣誉"，彰显了嘉铭教师新的人文秩序——"六个一"的特色。全校师生努力践行"常态优质"的理念，"让优秀成为习惯，让榜样成为时尚"成为全体嘉铭人共同的价值取向。

（红袖子整理）

特 色

紫藤曼绕中的陈经纶嘉铭分校，在 2013 年中国教育年度盛典中被评为"最具幸福感"的学校。这所以"儒雅和谐、多元开放、自主创新、合作共生"为办学目标的朝阳名校，越来越呈现出独特的魅力。

"儒雅嘉铭"全人教育课程体系

2014 年，"儒雅嘉铭"全人教育课程体系构建完成，全人教育课程凸显了"基础课程校本化、拓展课程模式化、综合课程主体化"的特点。

基础课程校本化：通过阅读主导教学方式（学科融合、三段式阅读），优化课堂模式（全学段全学科、自主参与、合作探究、拓展提升），完成学段衔接教程（如音标教程、理化实验教程）和阅读课程（全学段阅读体系）。

拓展课程模式化包括嘉铭实践课程、嘉铭体育处方课程、嘉铭修养课程三大模块。

综合课程主体化彰显"学科回归本真，学科融合渗透"的特点。

"儒雅嘉铭"课程体系成为嘉铭发展的有力支撑，学段贯通教学、综合实验课的全学段开放、全学科嘉铭阅读时空的使用、学段衔接教程以及"嘉铭静空间"使嘉铭教学呈现了多元绽放特色。这一体系的建立充分凸显九年四段特点，体现梯度变化，形成教育的层次性。依托发展目标体系，构建嘉铭分校课程体系，把九年四段实践活动和国家课程、社会课程、校本课程进行了整合和完善，形成了嘉铭分校完整的德育课程体系，并保证它有序推进、全面落实。

九年四段特色的德育教育体系

嘉铭分校构建的九年四段特色的德育教育体系，通过研究各个年级学生"行为习惯—自主行为能力—良好的行为品质"的科学培养进程，进行衔接性德育的探讨与尝试，在"德行"教育的理念之下，以"正行养德，以德促行"为着眼点，使中小学德育纵向衔接，横向贯通，层次递进，螺旋上升。从第一学段（1～2年级）的人生启蒙教育，第二学段（3～5年级）的认知、情感教育，第三学段（6～7年级）的理性、发展教育到第四学段（8～9年级）的尚德、目标教育，学段管理目标明确，课程设置全面，教育活动丰富，实现了嘉铭教育的有序衔接、分层推进和整体提升。

大教研组管理

首先，嘉铭分校教研组学科建设是"人人参与，人人提升"的科研氛围与嘉铭分校九年四段的办学特色相融合的实践，真正根植于学生发展实际和课堂一线实践，形成的是"科研兴校、科研自强"的氛围和认知，也促进了"依教改而发展，依教改而领先"的科学行动。

其次，嘉铭分校大教研组建设，贯通九年管理，分四个学段实施，融会贯通、高端下移、学科融合，实现了教育教学的有序衔接；通过"教研组发展思考、教研组教学评估、教研组框架备课、教研组学科研讨活动、新技术新标准实施"实现了教研组发展的与时俱进和服务实效性。教师团队成为"教学观念新、基本功过硬、教学特色彰显"的优秀团队。

（红袖子整理）

3. 一所精致的学校是这样雕成的

她研究的《七环节有效教学模式的研究与实践》获北京市基础教育新课改教育成果一等奖；她曾获"第三届中国教育之声全国改革创新校长"、"大国教育之声全国基础教育创新型校长"等称号；她有十余篇论文在国家级、市级刊物上发表并获得一等奖；她带领的学校，建校八年连续四年中考名列朝阳区80多所学校第一名。她就是北京市陈经纶中学帝景分校校长刘雪梅，中学历史高级教师，兼任北京市初中教育研究会秘书长。

印 象

因为精致　所以精彩

寒假里，刘雪梅和朋友相约去海南。那几日，朋友们白天海边嬉戏，晚上聊天、唱歌，好不快活。刘雪梅却独自捧一本书，凭着海风，静静阅读。友人嗔怪道："太没劲了，你这哪是来度假的！"刘雪梅笑而不答。快乐因人而异，对她而言，读书就是一种最快乐的休闲方式。

腹有诗书气自华。读书，给了她教育的智慧与灵感，让她健谈而机智，身上自然流露出一股书卷气。

有好几次，听她谈办学、谈育人，人们忍不住探问："刘校长，你肯定是教语文出身的吧？"大家印象中，语文教师才会如此能说会道。

当刘雪梅说出答案，对方不禁目瞪口呆。谁也想不到，这个秀外慧中的女校长，最初是体育老师。

从小练田径的她，师范毕业后自然成了一名体育教师。但是，偶然的一件事触动了她，也改变了她的人生轨迹。从教第二年，她外出参加一次体育教师的培训。同来培训的还有一些女教师，四十多岁年纪，穿戴邋遢随意，说话粗声大气，开着庸俗的玩笑。年轻的她看在眼里，不禁悚然一惊，难道十几年后，自己也会变成这个样子吗？她不甘心。

当然，这绝不是对女体育教师有偏见，而是从一个侧面说明了教师如果不读书学习，忽视了提升文化修养，就会逐渐沦为庸常，流于浅陋。

刘雪梅当时没想这么多，只是懵懂地觉得自己必须有所改变。她去找校长，提出转行教历史。校长一脸不可思议："你体育不是教得挺好的吗？"架不住她再三央求。校长只好来一个"缓兵之计"："这样吧，明年区运动会，你能把运动队带进前三名，我就答应你。"这本是一句玩笑话，刘雪梅却当了真，从此狠抓学校体育训练。第二年开春的区运动会，这所普通学校一鸣惊人，居然超过了一些体育特长校，破天荒地挤进了总分前三名。

运动会过后，刘雪梅又去找校长，校长无可奈何地点了头："那好吧，我不拦你，但要教历史，你还得有历史学专业的第二学历才行。"

刘雪梅咬着牙答应了。从体育转到历史，一切从头学起，还要参加自学考试，谈何容易。世界通史、中国通史、文献学……每一门课都是一座难以逾越的大山。刘雪梅说，那是她这辈子最痛苦的记忆。整整一年时间，她都是在苦读中度过。她像着了魔似的，每天捧着大部头的教材，一点一点地啃，走路时、车站里、电车上、吃饭时……一天除了上课和睡觉，她几乎全部的时间都在学历史。到最后，教材都被翻烂了。因为过于投入，一年后，当她走出自考的考场，头脑瞬间一片空白，竟想不起自己是谁，该往哪里去，好一会儿才回过神。

有志者，事竟成！那次考试，刘雪梅以全市第二名的优异成绩被录取，又经过三年努力取得历史系的本科学历，通过两年研究生课程班的学习，如愿以偿地改行教了历史，多次参加全区统考始终保持在全区前三名。再后来，她又先后做过德育处主任、教育教学副校长，直到走上校长岗位。

这一段有泪有笑的青葱岁月，成为刘雪梅一笔宝贵的精神财富，至今仍影响着她的办学与为人。

工作中的她，敢想敢为。因为她坚信，只要付出足够努力，一切皆有可能。对每一项工作，她都不敢懈怠，尽心尽力，追求尽善尽美。就像曾经在田径场上的她，永远保持着对胜利的渴望。同时，她始终保持着一颗谦卑的心，自觉才气与底蕴是"短板"的她，多年来坚持学习，把读书当作人生最大的爱好，也能够以开放的心态向名校、名家学习，向同行、同事学习。

今天，面对刘雪梅办学的精彩，有人惊奇，有人艳羡。可是，这背后的坚持与付出、汗水与泪水，又有几人明白？

正所谓，态度决定命运。在人生的航道上，以精致的态度作航标，前方自然有精彩在等待着你！

（李晓柏）

一所精致的学校是这样雕成的

与北京市陈经纶中学帝景分校校长刘雪梅交往，是件快乐的事情，精致的微笑始终"长"在这位女校长的脸上。

"精致"，不仅是刘雪梅的微笑特色，更是她所追求的教育理想。她倡导"精致教育"，在学校定位、学校管理、队伍建设、课程设计、教学实践、育人活动、人际关系、育人环境八个方面都有全面的思考和实践，处处精心的设计中、处处精细的管理中、处处精彩的呈现中无不体现了帝景分校——一所精致的学校是如何被雕刻而成的。

学校定位的精准

一所学校如何发展？走向何方？精准的定位非常关键，帝景分校作为一所新建校，如何定位显得非常重要。对这个问题，领导班子经过几次研讨，一直不能达成一致，当时在班子中出现了两种不同的声音，一种是"求稳"，就是定位要低一点，不要好高骛远，这样大家会感觉目标比较容易实现，压力会小些，"不求立大功，但求无大过"；另一种声音是"复制"，就是背靠陈经纶中学这块"金字招牌"、"茂密大树"，复制陈经纶中学，成功了最好，即使没有成功，那也是因为帝景师资、生源不行等一系列问题，我们实在是无能为力。

面对这两种声音，校长刘雪梅没有盲从任何一方，而是大胆提出了帝景分校在传承陈经纶中学优良传统的基础上，不能墨守成规、求稳怕输、降低标准，而是要志存高远、锐意改革、创新发展，因此帝景分校在摸索中确立了"精心、精细、精彩"的发展之路。

刘雪梅在阐释学校的"精致教育"时这样说："精心"反映了我们工作的态度与品质，"精细"体现了我们工作的方法与过程，"精彩"呈现了我们工作的亮点与特色。

学校定位的精准、学校管理的精细、队伍建设的精良、课程设计的精巧、教学实践的精雕、育人活动的精心、人际关系的精诚、校园环境的精美——在"精致教育"引领下，刘雪梅和帝景人正在努力实现"让帝景成为幸福的家园、让教师享受教育的幸福、让学生体验幸福的教育、让家长拥有养育的幸福"的办学目标。

学校管理的精细

作为一所九年一贯制的新建校，如何实现九年的统抓统管无痕迹衔接，是刘雪梅管理学校初期面临的一道大难题。

九年一贯制学校如何真正做到九年一贯？如何打破横亘在中小学面前的坚硬壁垒？怎样才能避免本位主义导致的工作上的内耗？怎样才能打破以往中小学干部各管一段的格局？

张德庆校长高瞻远瞩，在九年一贯制的构建方面给出了明确的指导，就是九年四段整体构建，把中小学九年划分为四段，即第一学段：一二年级；第二学段：三四五年级；第三学段：六七年级；第四学段：八九年级。学校的管理在统抓统管的基础上分段管理九年衔接。

因此对帝景的管理也进行了大幅度的调整，由建校时中学部、小学部在分管校长领导下的分别管理，调整为九年统管下统抓九年教学、德育、行政工作的无痕衔接管理模式。

在没有专家的认证、没有什么成功经验可以借鉴的情况下，我们只有不断地思考、实践、调整、创新。遇到的困难可想而知，干部教师出现了很多"不适"，比如：中小学管理层的融合问题、中小学教师间打破坚冰的问题、中小学管理"二合一"问题等等。

要实现真正的合一，就要从根本上进行九年一体化的管理。"九年一体整分矩阵式管理模式"、"九年一体德育管理七大体系"、"九年一体教学管理八大体系"等管理思路应需而生。

由校长书记和教学研究部、学生服务部、行政物业部三部分别管辖低段教学中心、德育高段管理中心、课程中心、涉外中心等九个中心。不变的是学校整体规划、办学目标、学校管理，把管理分成一条条线，分阶段、分层级落实，以"整分管理"为核心思想，以"矩阵"为表现形式，相互交叉、相互配合，共同围绕办学目标实行九年的无痕迹衔接。这就是帝景的九年一体整分矩阵式管理模式。

常规体系制度化：对职责、行为、奖惩等零散的制度进一步细化、归类；培训体系专业化：通过对班主任、年级组长、教师的三级培训来提升教师的专业素养和专业技能；流程体系规范化：建立了包含德育处、年级组长、班主任在内的落实到每日、每周、每月、每学期工作的"流程管理体系"；活动体系系列化：对围绕"五育人"的1—9年级系列活动从年级活动目标、活动主题、各阶段开展的活动进行系统梳理，形成完整的九年活动体系；此外评价体系科学化、特色体系鲜明化、家校协同体系多元化都充分利用九年一贯的优势，力求九年一贯的逐层递进。这就是帝景的九年一体德育管理七大体系。

培训体系综合化：利用学期大培训、每月专项培训、每周教研组的微培训提升教师的专业素养；备课体系框架化：通过教研组框架式备课、备课组集体备课、教师个体备课这三级备课，做到既凝聚全组智慧，又彰显个性；课堂体系自主化：预习、划分课堂、当堂反馈、作业超市，努力落实帝景课堂的大容量、快节奏、高效率；监控体系多样化、分析体系层次化：学校、教研组、年级组和个人三级质量监控、分析，做到知己知彼；课程体系个性化：构建了三维、五领域、十五类别的九年四段课程体系，保证学生全面发展；流程体系规范化：教学处、教研组以及教师日、周、月、学期的流程管理贯穿教学全过程；评价体系人性化：发挥激励导向作用，客观评价教师，调动教师的积极性。这就是帝景的九年一体教学管理八大体系。

"一系列精细的管理措施，促进了管理的规范化、科学化，更突显人性化，为帝景实现跨越式发展奠定了坚实的基础。"一位教育专家走进帝景分校后，赞许道。

队伍建设的精良

在帝景分校一位干部的"周工作轨迹"电子文档中，有校长刘雪梅留下的密密麻麻的批语。其中有一条这样写道："作为一名干部，你应该干什么？哪些是你应该干的？干部怎么干？怎么干最好？如何抓好细节？如何抓大放小？"需要特别强调的是，她还给文字标了红。在末尾，刘雪梅还留下了自己的一点"感想"："××，你的周轨迹很细致、到位，对自己的重点都进行了深入的反思，很深刻，很用心。值得表扬。坚持下去，我想我们的管理水平会不断提升！"

刘雪梅坦陈，虽然因事务较多，她无法给学校的每位干部都写这么细致的批语，但她每周会重点为一位干部"服务"。然后，干部们每周将就此在会上统一讨论，领会共性的东西，做到相互影响。"我希望通过制度管理让干部们做到定好位、明确标准、理清思路，做到不越位、不缺位、不错位。"刘雪梅说。

这是刘雪梅"精细管理抓干部"的三大实招：第一招，"我们共同成长"。帝景每周行政例会雷打不动的第一项内容是 15 分钟全体干部参与的"我们共同成长"学习。对这项学习，每学期有培训目标，每周有具体的学习内容，如："管理小锦囊"、"好书共享"、"典型案例赏析"等，一开始是刘雪梅"一言堂"，现在变成了干部轮流"坐庄"，其目的是让干部开阔视野，高屋建瓴地观察问题、分析问题、解决问题。第二招，"周工作轨迹"。其目的是刘雪梅用心了解干部每周的工作轨迹，并进行细腻深入地指导和分析的一项举措。此举相当于是校长在手把手指导那些还没成熟起来的学校管理者。第三招，"领航者"干部轮流值周。让每名干部轮流值周，全面负责学校的工作，从宏观把控到细微管理，从而培养干部的责任意识、大局意识，让干部深入基层，全面地了解情况。

细致入微、以理服人、行之有效的管理制度，让一批从来没有干部经历的普通年轻教师很快成长为行家里手。

在教师队伍管理上，刘雪梅也有三个常抓不懈的"抓手"：一抓教师思想。每年开学第一个月，学校都要组织新教师学习陈经纶中学的校史，通过了解建校的曲折、不屈不挠的发展历程和辉煌的办学成果，培养老师做经纶人的荣誉感、责任感。同时学校会针对生源、成绩、目标的巨大压力，通过全体会、部门例会等形式，客观分析自身优势和不足，明确发展的目标，引导教师怀着一颗感恩的心去迎接挑战，把压力转化为动力。积极发挥干部的引领、激励作用，"一个也不能丢"，是帝景做好教师思想工作的响亮口号。二抓教师教学基本功。这始终是学校教学工作的重点。学校将帝景教师的基本功定位于：目标要清清楚楚、过程要扎扎实实、效果要实实在在。包括说课、研究课、教学设计、教学反思、教学分析、出试卷考核等。一节研究课通常包括个人备课、集体备课、个人二次修改、上课、头脑风暴式评课、课后反思等环节。为强化过程管理，每一项基本功比赛都做到：培训、展示、评价评优闭环式管理。三抓教学反思。学校要求教师"坚持三级反思"即：每节课后小反思、每月专题反思、每学期深入反思。每节课的小反思要反思课堂教学的得与失，及时调整教学策略；每月深入反思不是一般意义的"回顾"，而是经过思考、反省、探究和解决教育教学实践过程中存在的问题来深入思考，每月上交、定期进行交流、相互取长补短；每学期反思则是深入剖析自己一个学期的教学，全面反思，梳理问题，制定切实可行的措施，为新学期做准备。

就这样，从四面八方来到帝景这样一所年轻学校的教师们，迅速成长起来，成为帝景发展的坚实基础。

课程设计的精巧

在国人的传统印象中，高尔夫球乃贵族的运动，并不适合普通老百姓。而帝景分校不这么认为，在帝景，百姓家的孩子也有机会练高尔夫球！帝景分校把高尔夫球运动引进了校园，校园中不但建有缩小版的高尔夫球练习场，还有价值40余万元的模拟设备，供全体师生使用。

"我们想方设法让孩子们拥有精彩的校园生活。"教高尔夫球的体育教师杜辉向来校采访的记者表示。其实，高尔夫球课只是帝景分校体育特色的一个缩影。帝景分校还有不少体育运动也特色十足，比如每天上午学生、教师"金色阳光共此时"体育1小时特色课间操。除了每周正常的三节体育课，帝景分校每天还为学生单独安排了一小时的户外活动。"让孩子尽情去亲吻明媚的阳光吧！"看，校长刘雪梅的一席话多么富有诗意。

帝景课程设计的精巧、精彩，不仅体现在有高尔夫球、冰球、健美操这样的校本课程。在课程建设方面，帝景分校以学生为主体，以课程为第一支点，追求学生的全面发展和个性成长，构建了"三层次、五领域、十五类别"的九年一贯课程体系。"我们强调以三个个性化为课程建设总目标，以经纶小天使作为课程的育人目标，努力促进学校的可持续发展、教师的专业发展和学生的个性化发展。"刘雪梅说。

她介绍，帝景课程体系的三个层次是指：面向全体学生普及的基础类课程、面向不同层次的拓展类课程、面向个体的特长类课程；五领域是指：人文与素养、思维与创新、运动与健康、艺术与审美、交往与实践五领域；"在此基础上我们按照九年四段把课程进行细化，开发了十五个类别的'课程超市'，为学生提供更多的选择性。"

如今，这些丰富多彩的课程，不仅满足了多数学生的成长需要，而且满足了学生个性发展的需求。让学生在课程学习中进行体验，在主题活动中受到教育，在社团活动中发展个性，在展示交流中施展才能，在社会实践中开阔视野、陶冶情操、磨炼意志。

教学实践的精雕

帝景分校是一所社区学校，生源水平参差不齐，91%的来自帝景社区，其中40%以上的学生为外地借读生；学生在历次全区升入初中的水平测试中成绩均处于朝阳区中等水平。如何把这些成绩中档的孩子带向"高峰"？校长刘雪梅放弃假期休息，夜以继日地大量读书、思考，还为此多次组织教师研讨，最终形成了比较成熟、完善的"七环节有效教学模式"。

该模式在操作层面被细分为——"家校协作"、"分级预习"、"划分课堂"、"作业超市"、"作业批改"、"课后辅导"、"周清月清"。此七环节环环相扣，一站到底，直刺教学要害，让学生受益，让教师省力！

在"七环节有效教学模式"中，刘雪梅还进行了课堂改革。过去，多数课堂的教学模式都是教师"满堂灌"，教师们无法顾及到学生是否已接受知识、接受了多少。而帝景分校的"七环节有效教学模式"，坚决"叫停"了老师的这一行为，它对每堂课的45分钟做了合理分割：30分钟课堂教学、10分钟当堂检测、5分钟当堂讲评。教学后的"检测"、"讲评"，让教师对学生们的知识掌握情况做到了心中有底。

"七环节有效教学模式"中的"课后辅导"和"周清月清"很有挑战性。刘雪梅介绍，为实现教学目标的一一落实，尤其是落实到学习困难的学生身上，帝景分校要求老师对学习困难的学生进行有针对性的辅导，力求做到"节节清"、"日日清"、"周周清"。学校采取阳光行动、小组合作学习两种方式进行课后辅导。其中，阳光行动是教师对学习困难学生进行有针对性学习指导的一项举措，目的是引导孩子学会、会学、爱学、善学，让学生体验到老师的关注与关爱。另外，帝景分校根据学生学习情况，采取自愿报名、教师适度调整的办法，在班级中组建了每组5～6人稳定的合作学习小组，建立合作学习手册，通过小组合作学习，培养学生的合作能力，使他们的主动性、创造性得到充分的发挥。

"七环节有效教学模式"让帝景分校的学生深深"迷"上了学习，而多年的教学实践也证明了这一模式的创新性与卓越性。该模式在帝景分校推行有七年，"怪象"也持续了七年。什么"怪象"？刘雪梅苦笑着说："每天下午放学后，我们的不少学生和老师都'赖'在教室不愿意走，还经常和教室管理人员'打游击'，教学、学习劲头实在太足！"无奈之下，她只好"强硬"规定，六点半之前必须离校。

"七环节有效教学模式"打开一片新天地，不少初次走进帝景分校的教育界人士，都会给出这样的评价：在学费全免、没有高考升学压力的情况下，尚能如此用心办学的，实在不多见！一所九年一贯制学校被做得如此精致，与校长刘雪梅的教学改革密不可分。

育人活动的精心

在帝景，活动是育人的主渠道。学校围绕"五育人"把零散的活动梳理成清晰的五条线路：例行活动、创新活动、临时活动、实践活动、1—9年级活动。

年级活动：常规活动、特色活动。常规活动：明确1—9年级各年级活动目标，设计一学年系列活动。如：七年级"迈好青春第一步"从"初识经纶"、"了解经纶"、"感悟经纶"到"读懂经纶"的系列活动，抓住了中小衔接的特点，力求使学生能够深度了解学校、凝聚班级，培养学生做经纶学子的自豪感、荣誉感；八年级"多彩的青春"通过"畅想青春"、"感受青春"、"感动青春"、"飞扬青春"系列主题活动真正让孩子体会到在青春中成长和成熟，做到平稳过渡、快乐成长；九年级"我们相约一起飞"通过"扬帆起航"、"潜心备战"、"蓄势待发"、"决战冲刺"系列活动激发学生的动力，坚定学生必胜的信心，培养学生良好的心态，最终实现自己的梦想。个性化活动则指1—9年级学年特色活动：如1年级集体生日、2年级超市购物、3年级家庭做客……

"我们努力以活动为载体，让孩子们在快乐中成长、在成长中收获、在收获中幸福。"刘雪梅的希望，正在帝景成为一道亮丽的风景线。

人际关系的精诚

就一所学校而言，硬件设施的价值是可以估量的，但是精神状态所带来的价值则是无法估量的，这里有高下之分，一个是"有价之宝"，一个是"无价之宝"。古人讲"元犹原也"、"元者为万物之本"，一个人的精神状态好就是元气充沛；一所学校的人气指数高，它的核心竞争力才能强！

帝景的人气指数从何而来？一位记者采访后得出结论：关键在于人际关系的精诚。

在荣誉与利益面前，刘雪梅的选择从来都是把机会、荣誉让给普通的老师。每当评选区优秀党员、岗位能手、"三八"红旗手等荣誉时，刘雪梅总是说："咱们的老师不容易，很努力、很辛苦，咱们的老师需要鼓励，这次还是侧重于一线教师吧！"每年帝景分校在中考中夺魁，教委的奖励会如约而至。对于这笔奖励的分配，刘雪梅没有拿过一分钱，而是更倾向于将其分配给其他干部和老师。在刘雪梅看来：一损俱损，一荣俱荣。"如果没有干部和全体老师的努力，就不会有帝景今天的成绩。"

在率先垂范的同时，和谐的干群关系、师师关系、师生关系、家校关系等都是学校可持续发展的原动力。

如今，帝景九年贯通、统抓统管、九年整体打造，形成了积极向上、相互协作的干部团队，避免本位主义和工作上的内耗；逐渐打破中小学教师间的坚冰，尝试英语、体育、艺术九年大教研活动方式，站在九年的高度设计教学，部分学科采取中小学循环，形成一个九年无间隙的教师团队；成立了班级、年级、学校"三级家长教师协会"，形成了一个强大的家校关系密切的团队，构建了阶梯级领导机制：设会长、秘书长、理事会成员，并建立了工作章程和实施细则；利用家长资源建立了"专家讲师团"、"公物维修团"、"活动策划团"、"课程助教团"等。

家长，也是帝景校园中一道亮丽的风景！精诚所至，金石为开。精诚的人际关系形成了帝景强大的核心竞争力。

校园环境的精美

每年四月初，北京草长莺飞，而帝景分校的春天，竟然比外面来得还要早！即便是一二月份，帝景分校的教学楼内也是春意盎然，楼道内处处是鲜花，哪怕一个不起眼的角落，盆盆绿植都会让人"遇见春天"。这里的女主人刘雪梅表示，这些精心的布置其实不是一天完成的，"我们也是想到哪儿就布置一下，比较随心所欲，不过都是自己设计的"。

这所学校走廊的硬件布置体现着"精心"。现在的京城中小学，硬件设施太差的学校相当难找，而富于个性化的也不多见。在帝景分校，你能看见楼道里古朴的桌子，那是刘雪梅和干部从旧货市场淘来的；你能看见有创意的手抄板报，但几乎看不到大段大段密密麻麻的宣传性文字。这里是孩子们的乐园，亦是教育者送给孩子们的"礼物"。

遍布校园的个性化读书角、孩子们千姿百态的"读姿"中流淌的是自由、自然；千姿百态的绿色植物、自由自在游弋的小鱼、每盆小花上精美贴心的"爱生命"中流淌的是爱心、人本；每一张会说话的桌子、每一个会表达的角落中流淌的是严谨、精致；弥漫在校园内美妙的琴声、天真的笑声、悠扬的歌声中流淌的是童真、美好；这一切一切好像让你置身于美妙的童话世界。

无处不在的"精致教育"，"精心、精细、精彩"已成为帝景分校"精致教育"的核心，渗透进帝景分校的每一个细胞。

（红袖子整理）

红袖子对话刘雪梅

2007 年，刘雪梅调入陈经纶中学，任帝景分校初中部校长，2010 年任帝景分校校长，她亲历与见证了帝景分校从无到有、由小到大、由弱到强的八年发展史，刘雪梅校长与帝景分校一起积淀、发展、腾飞。帝景分校的发展渗透着她执着的教育理想、脚踏实地的工作作风、对教育深沉的爱。她像一个领跑者，带领着全体教职工在通往幸福的大道上不停地奔跑，她的"精致教育"的理念在奔跑中体现，心智情感在奔跑中展现，人生价值在奔跑中实现。

关于帝景

红袖子：刘校长，您 2007 年调入帝景分校，当时的帝景是一个什么样的情况？您是以怎样的心态开始您的新的工作旅程？

刘雪梅：可以说我是怀着一颗感恩的心走进经纶的，为什么这么说呢？我从 1992 年参加工作，一直在丰台的一所九年一贯制学校工作了 15 年，其中做德育主任 1 年，教育教学副校长 4 年。2007 年五一长假，在一个偶然的场合，得知陈经纶中学在珠江帝景建了一所分校，出于离家近、孩子面临小升初的问题，我有了调工作的想法，开始关注陈经纶中学。早就听说，做陈经纶中学的干部不容易，没有真才实学是无法立足的，凡调入陈经纶中学的干部，即使你原来是副校长，也要从年级主任做起，要真刀真枪地干，没有花架子。

因此，2007 年我怀着对经纶美好的憧憬、带着惴惴不安的心和"低到尘埃"的心态走进了陈经纶中学。

但是，与张德庆校长见面的"三个意想不到"让我至今难忘，也成为让我自踏入陈经纶中学就要倾其所有、无私奉献，要改革创新、不断攀登不折头，要满怀激情、全力以赴地去工作，去感恩经纶、回报经纶的源泉。

委以重任，意想不到。我被派到帝景分校任中学教育教学副校长。记得那次与校长谈话，校长语重心长地对我说："派你去帝景负责初中的教育教学，这个担子很重，要大胆干，打好基础，开好头。你没有问题。"这样一位德高望重的校长能够对一个从一所普通得不能再普通的学校调来的没有什么辉煌业绩的干部如此信任，并委以重任，我很受感动。带着殷切的希望与期待，带着美好的憧憬，我来到了帝景。

平易率直，意想不到。早听别人说见张德庆校长一面不容易，也打不通他的电话，所以见张德庆校长很紧张。但是见面后，校长平和、坦率，不带任何的官腔，没有任何冠冕堂皇，就像一位邻家的长辈，有的只是朴实与充分的信任，这是我没有想到的。

艰难创业，意想不到。我猜想陈经纶的一所新学校，一定是花园式高大上的学校，然而学校的实际情况让我出乎意料：一片荒芜、破落的工地，没有装修，没有厕所、食堂，没有办公室；没有启动的招生工作：8 月份了，什么时候招生？开几个班？都是未知数；有待齐备的师资，要开学了，中学老师加上我才勉强凑够 6 人，三个一级、三个二级教师，其他均是代课老师。

这三个"意想不到"充满了信任、率直、挑战，也促使我要卧薪尝胆、脚踏实地、不辱使命。

红袖子：作为陈经纶中学一所新分校的教育教学副校长，社会对您的期望值会很高，您是否有压力？在建校之初对学校的定位是什么？

刘雪梅：不仅有压力，而且是"压力山大"啊！我们都知道陈经纶中学是一所有 90 多年历史的大校、老校、名校，在朝阳教育系统中是领头雁，帝景分校是陈经纶中学集团化办学的重要组成部分，是考量陈经纶中学办学水平的一个重要砝码，所以帝景不能有闪失。

作为中学主管教育教学的副校长，肩上担子的分量我非常清楚，但是开学第一棒就把我打晕了！为什么？第一年招生是在 2007 年 8 月份，那时已经没学生可招了！最后，我们招到的第一届孩子只有 31 个。

开学初全区新初一入口成绩，我们排在 60 多所学校的第 44 名，我的心情落到了冰点，要达到陈经纶中学质量保持在第一平台的要求，简直就是天方夜谭。

拿到成绩的当晚，我睡不着觉。焦虑、不安，我清楚地知道一所新学校的成绩意味着什么。如果不能一炮打响，学校将沦落到二流水平，陷入非常尴尬的境地。自己的前途姑且不谈，我也将成为学校历史上的"罪人"，真的不敢往下想，仿佛踏上了一条不归路。我想到了退缩，但是临阵脱逃——从为人到自己的性格都不允许我这样做。与校长谈话的场景反反复复在脑海中出现，经过冥思苦想，我走出了阴霾，决心在帝景发展的关键时刻：要挺得住、上得来，打不倒、压不垮，关键时刻证明自己，回报校长的信任。第二天，我报着坚定的信念、必胜的信心组织召开了"机遇与挑战并存"六人中学动员大会，动员全体干部、教师：现在是帝景发展的关键时刻，是每一个人发展的关键时刻，是对每一个人的考验，是挑战，也是机遇。并大胆地提出了令我自己、令所有人瞠目结舌的目标：勇争第一！从2007年的"勇争第一"到2009年的"永争第一"实现了一个凌空飞跃。

红袖子：您 2010 年开始做校长，那么您心中理想的帝景是什么样？

刘雪梅：我一直在思考帝景分校是一所新的九年一贯制学校，她对于学生意味着什么？仅仅意味着抽测、中考分数、升学率？我觉得不是。我觉得它意味着一个人最美好的九年时光将在帝景度过。"九年——奠定孩子的一生"，它对一个人未来的人生观、价值观的形成，未来的发展会起到至关重要的作用，我觉得肩上的担子很重很重。因此帝景一直有一个教育的理想，就是在传承陈经纶中学优良传统的基础上，以"建设个性化学校，成就个性化教师，培养个性化学生"为目标，结合帝景的特点，希望以自己优雅的气质、深邃的内涵去培育孩子美好的心灵，去激发内在的崇高，去唤醒人的自觉。希望我们的学校成为师生心灵交汇、精神融合的地方。希望这个雅致的校园能够充满人文关怀，使师生的身心得以浸润、精神得以提升，帝景分校成为他们永远的精神家园和人生起点。

红袖子：我发现 2013 年后学校的办学理念和办学目标发生了变化，您是怎么考虑的？是与时俱进吗？它对学校未来的发展有什么意义？

刘雪梅：确切地说是在 2012 年年底的时候，我们调整了学校的办学理念和目标，应该说也是与时俱进，原来的办学理念和目标是 2007 年建校时确立的，但是随着帝景的飞速发展，确立新的理念和目标迫在眉睫，其实也是顺应帝景未来的可持续发展。我们的办学理念也是在学校规模小的基础上，为把它做精、做细、做出品质而制定的，而幸福人生是我们做基础教育永远的追求。

"让帝景成为幸福的家园、让教师享受教育的幸福、让学生体验幸福的教育、让家长拥有养育的幸福"是我们新的办学目标，也是我们永远的追求。对未来的影响应该说是给学校的发展作了定位，明确了学校发展的方向。

红袖子：您倡导的"精致教育"，是从哪些方面来凸显精致，怎么实现呢？

刘雪梅：如何做好"精致教育"？我们在不断地思考、不断地完善，由最初的五个方面，到后来的六七个方面，再到现在的八个方面，就是学校定位的精准、学校管理的精细、队伍建设的精良、课程设计的精巧、教学实践的精雕、育人活动的精心、人际关系的精诚、校园环境的精美。应该说比较全面地诠释了学校的工作，需要我们精心、精细、精彩地做好，真正做到关注"师生中的每一位、过程中的每一环、校园中的每一角"。

关于做校长

红袖子：早就听说帝景这个团队非常有凝聚力，非常有拼劲，非常有战斗力，一年一个台阶，您作为校长靠的是什么？为什么老师心甘情愿地付出、努力、创新呢？

刘雪梅：很多人问过我这个问题，还有人说是不是校长的人格魅力？是不是学校有非常严格的管、卡、压？是不是学校经济上的特殊政策——物质刺激？其实都不是，我觉得是共同的价值取向打造了一支团结、向上、拼搏、创新的团队。这八年不间断的三级培训立下了汗马功劳，除了在业务上的培训，更重要的是思想上的引领。在大家思想上出现动摇时，必须要熬一锅营养丰富的"心灵鸡汤"，引发深入的反思，明确新的目标，全力以赴地投入到新的工作中。

比如：在建校第二年，大家虽然辛苦付出，但是看不到前途，比较迷茫，情绪有些低落。针对这种情况，我明确提出了"一二三四"。让每一位帝景的老师牢记一个目标、能讲两个故事、记住三句话、会唱四首歌。即：一个目标：勇争第一；两个故事：（1）希望就在前方（羚羊与狮子的故事：心中要有希望，为实现目标不懈努力）（2）从内心决定要拿第一（伟大的赛车手的故事：心中有目标、落实见行动）；三句话：我教我管我负责，我学我研我提升，我苦我累我快乐；四首歌：（1）《国际歌》，每时每刻都是帝景的关键时刻，没有救世主，只有靠自己。（2）《爱的奉献》，只有付出全部的爱，竭尽全力，无私奉献，才能向目标迈进。（3）《敢问路在何方》，要想不庸庸碌碌，如何做得精彩？需要我们克服困难，开拓创新，大胆进行改革。（4）《明天会更好》，脚踏实地地去落实，扎扎实实走好每一步，我们一定能赢，那么我们的明天一定会更加美好。

"一二三四"让我们老师端正了态度、明确了方向和目标、掌握了方法，为形成积极向上、永不言弃、永争第一的精神奠定了坚实的基础。当然了，后面的落实更重要。

我想，与老师心与心的沟通、手挽手肩并肩的努力、惺惺相惜的情感是我们不断进步的源泉吧。

红袖子：您心目中好校长的标准是什么？您心目中是否有偶像校长？

刘雪梅：我心目中好校长的标准是什么呢？我觉得一个废寝忘食、工作兢兢业业的校长不一定就是好校长，好校长应该是既爱岗敬业又能干正确的事。

如果说我心目中的偶像校长，应该是我们陈经纶中学的张德庆校长吧！九年三段示范校建设到首都名校建设可谓是正确的大事、科学的决策，他带领团队引领陈经纶中学不断攀升不折头，极大地促进了学校的发展，同时也促进了干部教师的发展。陈经纶中学成了人才辈出的地方，多名干部走出陈经纶的大门，成为朝阳区、北京市教育战线上的精英；多少教师在陈经纶中学这片沃土上生根、发芽、开花、结果；陈经纶中学成为孩子、家长向往的优质名校。这一切得益于什么？就是"一个好校长，就是一所好学校"。

红袖子：作为一个女校长，您一直是笑眯眯的，这好像与一个严厉的管理者比起来，有一种别样的风采，您一直是这样子吗？或者说就是这样的性格吗？

刘雪梅：记得有句话叫"性格即命运"，倒退十年我真不是现在这样。2002年开始做干部，曾经是一身锐气、雷厉风行；曾经是忙忙碌碌、豪情万丈；曾经是奋不顾身、遍体鳞伤。

我记得在 2010 年 7 月刚刚担任分校校长时，深感责任重大，对自己曾进行了一次"前方的路我怎么走"的自我剖析与反思。

坚强的意志品质、执着的教育理想、踏实的工作作风、真诚的为人态度、良好的反思习惯使得我从一个体育老师，到考下第二学历成为一名历史老师，再到成长为一名干部起到了至关重要的作用。而自身存在文化底蕴不够深厚、急于求成不够沉稳、争强好胜不留余地、管理严格不够宽松等问题。这些问题肯定制约了我个人的发展，也会成为提升工作的障碍。因此，要担当重任、成为一名好的领路人，必须修炼性格——我给自己定的标准是要做到：锐气藏于胸、和气浮于面，才气见于事，义气施于人。

怎么做到锐气藏于胸、和气浮于面？我适时地收敛起我的刚硬、咄咄逼人；努力处处换位思考，留有余地，留有空间。遇事三思而后行，慢慢地处事变得心平气和多了，干群关系日益融洽、和谐，切身体会到为自己提出的"冷静 10 分钟"、"沉淀一定时间"再处理的优势。

怎么做到才气见于事、义气施于人？才气见于事——一个人的才气不是挂在嘴上的，而是体现在具体的事情当中；义气施于人——我理解的是担当、分享。才气、底蕴是我的短板，我没有满腹经纶的学识，但不断地学习，读书、剪报、摘记是我生活中必不可少的一部分，即使是外出，我的书包里一定会有书，因为几天不看书，我会感到恐慌。我在努力地充实自己，把一切落到实际工作中。"誓将落实进行到底"是帝景分校最响的口号。在落实的过程中，遇到好事我一定与大家分享；遇到阻力、发生问题，我绝不推卸责任、耍小聪明，而是担当责任，对事负责，认真反思，争取做好。

我想，担当、分享是一种品质，是一种智慧，这种智慧，利人利己。但是修炼自己的性格，是一个漫长的过程，我仍在途中。

红袖子：有人说作为校长，应该有一双慧眼善于发现人，应该有一双巧手栽培人，应该有宽广的胸怀包容人，您怎么看？

刘雪梅：没错，我觉得这是校长应该具备的素质，"人"是学校可持续发展的根本，校长就要引导人、培养人、包容人，为教师发展搭台铺路。而不能去埋怨教师问题多，那就像医生埋怨患者难治一样，医生埋怨患者的病太重，就不给治了，那他的医疗水平不会高，医生的医疗水平是在治疗疑难杂症的过程中提高的，校长的管理水平也是在处理疑难问题的过程中提高的，从这个意义上讲，出问题的老师帮了我们。因此我们要真心帮助、培养每一位老师。我举一个例子：

对于问题教师我们怎么办？王一（化名）是建校后调入的老师，担任班主任，但是他所带的班出现严重失误，给学校造成不良影响。那时我担任教学副校长，本与班主任工作联系不多，但是多种原因、多方面信息，导致王一对我有很多看法；在我全面接手工作后，王一全面崩溃，固执地认为我会治他于死地，随即提出调动。

对于王一的要求，我明确地告诉他：调动，我同意，但是我希望不是今年，任何一个离开帝景的老师，不应该是满腹哀怨，应该是高高兴兴的。我不希望陈经纶中学成为你永远的痛。我在你身上做的所有的事情都经得起时间的推敲，如果无意之中伤害你，我可以道歉，但是我负责地说，到现在还没有。而你，并不是一无是处，你的身上有很多优点、缺点：开朗热情、积极向上、无私奉献、有想法、有创意，但是欠主见、缺方法、遇事不冷静、欠思考。但我对你还是非常有信心。我有能力、有义务，也意愿帮你走出阴霾。给你一周时间，我尊重你的选择。

三天后，我收到一条短信，题目叫作"我决定留下"。"不好意思面对您，没有想到您的挽留，没有想到您的坦诚，我曾误解您，说了很多有损您的话，对不起您两年来的培养，您的肺腑之言让我流泪。我决定留下来，是您挽救了我，给我一个机会。让我接着干吧，我会从偏执回到正轨，相信我，我一定努力！"

接下来王一在自己的岗位上尽职尽责、兢兢业业、不断创新，不仅教学成绩优异，而且成立的社团已经成为帝景的品牌社团，多次参加全国、市级比赛获得一等奖，每次学校活动冲在前面，事事有求必应。我们的王一现在非常阳光，非常自信，非常优秀。看到王一的成长、进步，我备感欣慰，深刻体会到"大柔非柔，至刚无刚"的道理。

（红袖子　刘雪梅）

管理

精致帝景

帝景分校创建于 2007 年，是陈经纶中学集团化办学的第二所九年一贯制学校，地处珠江帝景，是一所小区生源占 90% 的普普通通的社区学校。就是这所普通的学校，建校八年，创新实践九年贯通的无痕衔接，实现了学校管理、师资队伍、课程建设等一体化；建校八年，实现办学成绩年年攀升不折头，2015 年中考，以平均分 533.81 分，及格率、合格率 100%、优秀率 97.7% 的优异成绩第四次勇夺朝阳区中考第一名；建校八年，以促进学生全面发展的"七环节有效教学模式"、"立体式德育管理模式"、"'2+1+N'科体艺全方位育人工程"，打造了优良的校风，有效地落实减负提质，努力做到让素质教育落地生根。

办学理念：实施"精致教育"、奠基幸福人生。

办学目标：让帝景成为幸福的家园、让教师享受教育的幸福、让学生体验幸福的教育、让家长拥有养育的幸福。

工作目标：为每个孩子的全面发展提供最适合的教育，为每个孩子的健康成长提供最优保障的教育，为每个孩子的个性培养提供最有特色的教育。

培养目标：让每个学生带着健康的王冠，睁着理性的双眼，挺起自信的胸膛，装上知识的马达，扬起理想的风帆，插上科技和艺术的翅膀，翱翔出陈经纶中学，成为国家的英才和栋梁。

办学载体：学校定位的精准、学校管理的精细、队伍建设的精良、课程设计的精巧、教学实践的精雕、育人活动的精心、人际关系的精诚、校园环境的精美。

核心理念：精心、精细、精彩。"精心"反应的是工作态度与品质，"精细"体现的是方法与过程，"精彩"呈现的是工作的亮点与特色。

（红袖子）

特 色

小巧的帝景分校，不仅美在处处精心上，更在"启智增能的学园、陶情养性的花园、彰显个性的乐园、幸福快乐的家园"这"四园"的构建理念下，形成了独具匠心的人文特色和教学特色。

作业超市

2013 年，帝景分校摒弃了近年来坚持的分层作业，对作业布置进行了大胆改革，创设了"作业超市"，即：有侧重基础知识、基本技能的"底线题"（不超过三道题），侧重能力培养的"提升题"（不超过两道题），侧重拔尖创新的"拓展题"（一道题）。学生可以根据自己的情况自由选择，完成一项即算完成作业，上不封顶。力争让每一个孩子在适合自己的"最近发展区"获得成功的体验，充分体现学生的自主性。落实减负要求，保证作业总量不超过 1.5 小时。

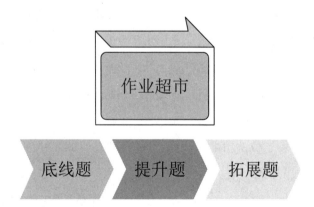

七环节有效教学模式

七环节有效教学模式，即：(1) 家校协作，互通共育；(2) 三级预习，由粗到细；（3）划分课堂，掌握全体；（4）作业灵活，兼顾个体；（5）作业批改，体现激励；（6）课后辅导，缩小差距；（7）周清月清，共享佳绩。

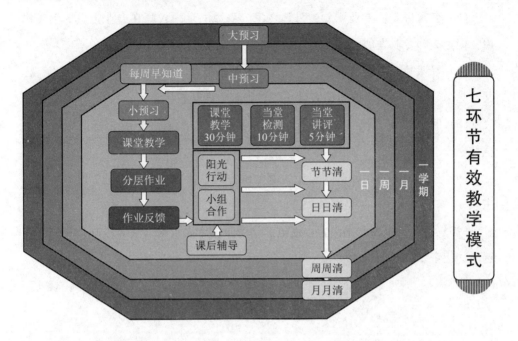

十大幸福工程

十大幸福工程，即：

（1）精彩回眸、凝心聚力：利用会前10分钟，让老师们重温帝景师生在各级各类训练和比赛中、在集团开展的各项活动中、在教育教学基本功大赛中、在外出学习和组织教师集体活动中令人振奋和感动的温情画面，倡导大家万众一心、众志成城。

（2）榜样示范、净化心灵：挖掘身边的在平凡岗位上兢兢业业的经纶教师，通过成长成才的经历和教育教学特色的形成以及"岗位能手一招鲜"等方面发挥其榜样示范作用。

（3）教师社团、丰富生活：通过健美操、瑜伽、摄影、绘画、篮球、西点等社团丰富生活，展示魅力与风采。

（4）强身健体、导航健康：通过每天"金色阳光共此时"和每月一次的教师体育比赛，助力教师强身健体、阳光工作。

（5）教学改革、减负提质：通过"作业超市"、"七彩课程"、"走进微课"等引领教师科学施教。

（6）名师讲堂、专业引领：外请专家、身边的骨干教师在专业上发挥引领作用，促进教师专业发展。

（7）好课共享、搭建舞台：通过骨干教师示范课、青年教师站稳讲台展示课、共产党员献优课、教学改革研究课引领教师聚焦课堂教学。

（8）时政快车、政策解读：让我们的教师关心时事，扩展视野，做到依法执教。

（9）校务公开、指路脚下：让大家明确方向，让每一名教职员工成为学校的主人。

（10）年度表彰、激励向善：通过感动帝景的十大人物、优秀教师、班主任评选活动让帝景群星璀璨。

（红袖子整理）

文化是学校的根本，是学校的灵魂，只有优秀的学校文化才能孕育出优秀的学校。每一所学校都有自己的文化，如何将文化的碎片升华为文化的整体进而积淀为学校的底蕴，是学校实现可持续发展、实施名校品牌战略的关键。

第二辑 文化立校

1. 行胜于言的文化传承者

　　她参加工作21年，一路走来，先后担任教师、德育主任、德育副校长、分校教育教学副校长、党支部书记、校长助理、党办主任、集团初中副校长，不同的岗位，不同的历练，成为她宝贵的人生财富。工作第三年她就分别荣获市级、区级教师基本功大赛一等奖，先后有多篇论文获得国家级奖项或在报纸杂志上发表；她曾先后获得"朝阳区青年教师岗位能手"、"朝阳区优秀青年知识分子"、"朝阳区骨干教师"等荣誉。她就是北京市陈经纶中学集团副校长兼党办主任于亚萍。

印象

行胜于言

亚萍是一位到哪里都能释放自己价值的能人。无论是她作为老师、德育主任、党办主任、教学副校长，还是担任迎接各类督导以及后来集团主管教育教学的副校长，她都能用自己的行动源源不断地释放自己的价值！

亚萍是态度鲜明的领导。工作中，当我们遇到困难的时候，大家总是第一个想到亚萍，不仅因为她是领导，更因为她站位高、办法多、态度很鲜明，什么难题她都有办法解决："这个事情你可以这样……"，"我想……这样会不会更好"。所以，在大家眼里，她不仅是位负责任的好领导，更是一个亲密无间的战友！

亚萍是"集团统一领导下的校长责任制办学"的助推人。她坚决落实校长张德庆提出的"一个学校，一个标准；一体管理，一体打造"的工作原则。真抓实干，面对"一校多址"办学带来的复杂工作局面，她协助校长探索出了具有经纶特色的集团管理模式，提出了"四统一"的工作要求和标准。

亚萍是一位充满理性思维的女领导。为什么这么说呢？因为在工作中，你随处都可以看到她不为做事而做事，总是能够从全局的角度去思考问题，面对纷繁复杂的工作，她也总是有拨云见日的本领，去统筹实现双赢甚至多赢。不知道这是不是与她大学学的数学专业有关，但的确我感受到了她超凡的洞察力和女性难得的理性思维。

这就是于亚萍，一个行胜于言的人。

（张彦薇）

经纶文化的传承者

陈经纶中学作为一所近百年的老校，有着深厚的文化底蕴，每一个经纶人都会自觉或不自觉地沉浸在其中，成为她的传承者。于亚萍在经纶工作了十年，十年来，作为一名经纶人、一名管理者，她对经纶文化的认识，经历了从了解、熟悉、共识到传承的过程。

"专职解说员"——经纶文化的传播者

每次学校有外来的参观访问团，于亚萍都会作为校园文化的"专职解说员"给参观者一路讲解。从校门口的校史墙开始，讲述经纶四个历史时期的发展史；从校园里的两座人物雕像，讲述经纶中学发展历程中的两个关键人物：学校的创建人——清水安三先生，和学校的改建人——陈经纶先生为学校作出的贡献；从学校的八字校训牌，讲述一则校训一写几十年的故事和"老实做人、勤奋做事，自强不息、创新发展"的经纶精神；从满腹经纶的小天使，讲述经纶的育人目标……对校园里的每一处景观，每一个历史故事，她都了如指掌，娓娓道来。

要说于亚萍这么了解经纶的历史和文化，得益于她编写学校的组织史。当时，她从学校档案室和朝阳区档案馆查找了很多相关资料，一份一份地研究比对；对于不清楚或有出入的地方，她就多方走访还健在的老教师，一一进行核对，尽可能地还原历史。2011年，是陈经纶中学建校90周年，为了更好地继承办学传统和展示学校的办学成果，学校决定编写几本书，其中校史《九秩回望》的编写工作就由于亚萍负责。重新编写校史的任务，让于亚萍再次对有关的校史材料进行深入地学习和研究。她走访了很多人，有德高望重的老校长，有女四中时期的老校友，有熟悉清水安三和日本樱美林学园的社科院研究员闻黎明先生……她把学校每一个历史时期发生的重要事件都深深印在了脑海里，并对每一个历史时期的办学传统和特点进行了归纳：崇贞学园——为民办学，学而事人；女四中——革命传统，育人为本；朝阳中学——体育健康，全面发展；陈经纶中学——素质教育，以生为本。她还和张德庆校长一起探讨"老实、宜强、勤奋、创新"的校训里蕴含的经纶精神，并将其固化。

随着《九秩回望》的印刷出版，于亚萍成了经纶校园里最了解经纶校史的人，成了经纶校园文化的"专职解说员"，也成了经纶文化的传播者。每次高一新生入校，她都会有一期校史与文化传承的专题讲座，她希望每一个走进经纶校园的经纶学子都能够了解经纶历史，了解经纶的办学传统，进而传承经纶精神，弘扬经纶文化。

"智慧管理"——"三施教文化"的助推者

陈经纶中学倡导"三施教文化"，即"科学施教、因材施教、快乐施教"。于亚萍作为集团副校长，在集团初中部的管理方面，积极想办法、搭平台，落实"三施教文化"，促进教师的专业发展。

集团初中有五所分校，不同风格，不同学情，管理起来难度很大，但于亚萍本着"打造一体化管理，合作共赢"的原则，从集体备课到中考总结交流，处处设计分享沟通的机会，让每所学校都能取长补短、汇集精华、和谐发展。她把管理、培养和搭平台三者相结合，对集团各校区提出了"四统一"的工作要求和标准：统一备课要求，加强集团各校区集体备课研究；统一命题和阅卷，用试题研究推动课堂教学研究；统一标准和评价，形成有效竞争机制；统一优生培养策略，打造集团优生培养链条。这种管理模式，既体现了管理的规范性，又处处体现出促进师生共同发展的人文关怀。

为了落实"科学施教"，她带领教师专业发展委员会的专家团队，围绕有效课堂，广泛开展听评课活动。专家组每次一听就是一个备课组的课，听课当天就进行集中的评课反馈。反馈时，每个发言的人都以"2+2"（两个优点，两个问题）的方式进行评价。她以听评课活动为抓手，把经验交流和问题诊断有机结合，把专家指导和个人反思有机结合，把教研组建设和备课组建设有机结合。一个月下来，经过45节的听评课后，老师们的课堂更加规范高效了，学生们在课堂上更加积极活跃了，同事们的评课也更加坦诚热烈了……不知不觉中，这既提高了教学的有效性，又促进了教师的专业发展，老师们也从害怕被听课，到后来主动要求被听课。许多时候，初中老师既当她是领导，又当她是战友和朋友。她和老师们一起研究哪种教学方式更容易让学生接受，一起推敲哪种教学方法更容易突破难点；她和老师们一起研究试题，一起讨论中考改革的变化和趋势，一起分享改进课堂教学的思考和策略……

在一次集体备课动员时，她给大家讲了"鱼牛"的故事。鱼没有见过牛，青蛙就向他描述自己看到的牛的样子：身体很大，头上长着两个犄角，吃青草为生，身上有着黑白相间的斑点，长着四只粗壮的腿，还有大大的乳房。鱼边听边把牛的样子画了下来，但他画的仍然和鱼的模样一样，一个大大的鱼身子，身上有着黑白相间的斑点，长着四只粗壮的腿，头上长着两个犄角，还有大大的乳房，嘴里吃着青草……当老师们看到生动的"鱼牛"图片时，许多人都笑了，同时也深深意识到：教师不能像小鱼一样画"鱼牛"，不能想当然地从自己的角度去给学生画像，去设计学生的学习，而是要真正了解学情，从学生的实际、学生的需求出发去备课，去进行教学设计，从而更好地落实"因材施教"。

今天的陈经纶初中，中考成绩在朝阳区名列前茅，并为高中输送了大量的优质生源。有同行说：这些离不开学校对教师的培养，离不开一支高效运作的教师团队，更离不开像于亚萍这样的领导者的智慧管理。

"创新发展"——经纶文化的建设者

作为陈经纶中学党总支书记的助手，于亚萍设计和组织开展了各种主题教育活动，发挥党总支的舆论导向作用，营造氛围，创设学校的主流文化。

2010年10月，于亚萍根据学校多样化办学的需要，依托党员"创先争优"主题教育活动，在全校范围内组织开展"首都名校建设"大讨论。在大讨论中，学校将"创先争优"解读为"四个第一"，即正确的教育发展观第一，落实首都名校办学标准第一，坚持教育改革创新第一，实施素质教育质量第一，让党组织和全体党员的先锋模范作用与时俱进地溶解在学校建设发展之中。全校教职工以主人翁的精神参与到"首都名校建设"大讨论中，在充分行使民主权利的同时，进一步解放了思想，转变了教育观念，明确了首都名校的办学内涵，形成了首都名校的办学共识。

她组织设计的"党史知识抢答赛"、"唱响红歌，点燃激情"合唱比赛、参观"为了人民的幸福——朝阳区纪念中国共产党成立90周年展览"、"忆党史，游老区"寻根活动、"促学校优质发展，为党旗增光添彩"、"党员身份亮出来，党员承诺做起来"等丰富多彩的主题教育活动，取得了良好的效果。

"党团同行"主题实践活动，是于亚萍开创的一个党建带团建的新模式。每年的党员实践活动，她都会邀请学校的学生干部和青年党校的学员代表参加，并与教师党员结成一对一帮扶联系对子，共同完成主题实践活动。在西柏坡五大书记雕像前庄严的"新党员宣誓，老党员重温誓词"宣誓仪式上，100多名党员洪亮的宣誓声，震撼着孩子们的心灵，使他们接受了一次党的信念的洗礼。活动的每天晚上，大家都会在宾馆举行隆重的"党团红歌赛"。党校学员用自己的激情、智慧和歌声展现魅力，党员教师则用自己的成熟、大方和热情为学生们展示才华，他们用不同的方式来歌颂、赞扬伟大的党和祖国。从参观"永远的雷锋"大型展览，到"寻身边道德榜样，做经纶美德少年"的评选活动……"党团同行"主题实践活动既使支部党员和党校学员进一步增进了了解，也为党校学员"寻访我身边的共产党员"提供了更多的素材和内容。

这些活动，突出了党组织的政治核心作用和党员教师服务群众、凝聚人心、促进和谐的先锋模范作用，营造了党员带群众、教师带学生，共同创先争优的良好局面，形成了校园内的良好道德风尚，推动了学校的精神文明建设和文化建设。

于亚萍就这样在创新与发展的道路上一路前行……

（红袖子）

管理

彰显和谐发展的经纶文化

陈经纶中学在文化办学的平台上，围绕着全面践行素质教育，在师生中间进行"五个教育观念"的更新，即：用新的办学观、新的课程观、新的教学观、新的学生观、新的质量观践行素质教育，并同时推进了对"五个工作方式"的学习和工作方式的转变。在这两个转变的积极引领下，学校进一步丰富了文化建设的内涵，形成了具有经纶特色的学校文化。

1. 构建以人为本的学校管理文化

陈经纶中学坚持"以校为本、以师为本、以生为本"，按照"安全、和谐、效率、成本、质量"的综合管理思路，加强对学校教育教学工作及管理制度的研究，使陈经纶中学教育教学管理更加规范化和科学化，从而促进学校的全面质量管理。陈经纶中学经历示范校建设阶段、朝阳名校建设阶段、首都名校建设阶段，进行了人事制度、工资制度、管理制度等多方面的改革，获得了全面发展；德育、智育、体育、美育以及学校管理、后勤服务、数字化校园等方面都得到了快速发展并取得了相应成果。学校通过进一步完善制度建设，畅通了民主渠道，加强了民主建设，形成了党政和谐、老少和谐、干群和谐、党内党外和谐的工作氛围。

学校提倡干部历练"人性、人品、人格"，每位干部都是一面旗帜，真正成为师生的楷模；引导教师实现"合作、合力、和谐"，努力形成民主、平等、和谐的师生关系；启发学生坚持"主题、主体、主流"，每位学生的个性得到张扬，所有同学得到全面发展。

陈经纶中学以办好人民满意的学校为契机，营造以人为本、和谐发展的校园文化氛围，追求创造一种学校关心、工作顺心、胜败平常心的舒畅氛围；追求创造一种工作有声有色、生活有滋有味、人与人之间有情有义的工作氛围；追求创造一种事业留人、待遇留人、情感留人、工作留人的成长氛围；追求创造一种师生与学校共行动、共发展、共荣辱、共命运的责任氛围；追求创造一种民主、尊重、宽容、理解、平等的现代教育氛围。

2. 构建师生共同发展的课程文化

陈经纶中学通过公共课程、国家课程、校本课程和社会课程，构建学校课程文化，形成了与国家课程配套又具有学校特色的十大类 110 余门的菜单式校本课程，既充分满足了师生个性才智发展的需求，又促进了学校课程的特色发展。学校校本课程应用校园网络平台开发了"走班制"课程管理系统，采用课程招标、教师网上申报、学生网上自主选课等程序，形成方便灵活的组课、选课机制，把课程实施的自主权尽可能多地交给教师，同时为学生提供广阔的成长空间和多样化的选择机会。

在此基础上，我校继续深化国家课程校本化的课程改革，将课堂与课外相结合，基础与特长相结合，研究与实践相结合，积极探索促进对拔尖创新人才培养的课程建设。

科技英才课程：学校在保证学生学习时间不变和负担不加重的前提下，有效整合国家课程、地方课程、校本课程，自主开发科技英语、国学、应用物理、数学逻辑、创意设计和信息网络课程；引进脑思维课程和科技实践课程，重新设计并调整作息时间和课程安排，既要保证国家课程和科技课程的双实施，又要加强对学生进行科学素养和科学精神的培养，增加野外科学考察等课程，使学生在专家和教师指导下进行研究性学习，进一步提高课堂教学的效率，有效提升学生的科学思维能力与品质，培养学生综合科学素养能力。

ESL 课程：通过对国内英语课程与国际 ESL 课程的整合，采用中外教 3+2 英语教学授课模式，构建出高中英语教学的新模式，实现教师与学生英语教与学能力的提升。

处方式体育课程：结合《中小学体质健康标准》，我校进行了"处方式教学"体育课程改革的尝试。针对不同学生的不同体质和健康状况，体育教师开设有针对性的锻炼处方，增强了体育教学的针对性和实效性。

网络课程：我们利用数字化校园的设备设施开设经纶网络课程，正式开辟出一条与传统课堂并行的新的可供学生自主选择的学习系统，引领学生通过数字的无限进入学习的无限，充分满足学生的求知欲，发展学生健全的个性。

3. 构建科学育人的"三施教文化"

陈经纶中学以师为本，积极构建"科学施教、因材施教、快乐施教"的三施教文化，并通过开展"人人参与、人人提升的教育科研"活动，以"教研组和学科建设"为抓手进行落实，做到四个捆绑。即：

坚持科学施教，捆绑"框架式备课"，落实教学规范，回归课本，夯实基础，锤炼能力。

坚持因材施教，捆绑"教法即学法"，落实有效教学，提高课堂教学质量，掌控学习节奏，培养能力。

坚持快乐施教，捆绑"常态优质和减负提质"，提升学生学习的效率和品质，加强优生培养。

坚持做人德育，捆绑师生教与学的态度，积极开发非智力因素，保持教学的积极性、主体性和有效性。

学校根据教育改革和教师专业发展的需要，提出具有经纶定位和特色的教师五项专业能力修炼要求，即：消化理论的能力、驾驭课程的能力、掌控课堂的能力、教育创新的能力、科研反思的能力。搭建"自我规划、三级平台、课题引领、网络论坛、读书开掘"五大成长路径，建立了教师专业发展委员会、青年教师研究会、高学历教师论坛、年级主任论坛、特级教师工作室等多种学习型组织，制定了《陈经纶中学教师专业发展规划》，设置了"陈经纶中学教师专业发展阶梯"，推行"九年三段"、"三维七级"双层面管理目标，创新了教师文化，推动了教师专业的个性发展，促进陈经纶中学朝着"学者—学府"式学校良性发展。

4. 构建彰显个性发展的学生文化

陈经纶中学坚持"育人为本"，倡导并逐步建立了以学生为主体的"自育、自主、自选、自评"的"四自文化"。学校通过"实施做人德育，创建青春校园"，从学生的兴趣和需要出发，为学生而设计，让学生选择，使学生参与，促学生发展，形成了具有陈经纶中学特色的"三构建一加强"和"三深入一自主"的德育工作特色。

（1）倡导自育，突出自我管理与教育。针对陈经纶中学的学生构成及成长需求，结合新的德育内涵和标准，特别是探索德育过程中如何发挥学生的主体作用。我们定位德育必须构建起自我管理自我教育体系。这个体系是在原来班级学生干部、年级学生干部、校级学生干部以及"八好班集体"和班级值周活动的基础上，推出了学生干部的"部委制"管理，并将促进学生自我教育自主发展的科技、体育、艺术俱乐部和学生社团纳入这一体系。学生干部的"部委制"管理改革，打破了多年形成的每个班级设置三个团干部和五个班干部的基本干部编制，按照新课程改革和班级管理的实际需要，每个班级设置十六个班团委员，学校相应地成立十六个"部委"，分别隶属于教学处、德育处、总务处，形成了分工明确、纵横交错的学生自我管理系统和全员德育系统，大大提高了自我管理自我教育体系的工作效能。在"部委制"改革的基础上，学校又不断创新组织形式，依托校团委，成立了四大学生组织，即：学生团委、学生联合会、志愿者联合会、社团联合会，让更多有才能的学生干部参与到自管自育的工作中，形成了"一体三翼"的学生自管自育工作新格局。

（2）倡导自主，突出自我体验式教育。我校根据新课程改革提出的社会实践、社区服务、研究性学习的要求，构建了综合社会实践活动体系。社会实践继承了原来的人生远足社会实践，由市内社会实践、省外社会实践、国外社会实践组成；社区服务继承了原来的星级志愿服务，由家庭、班级、学校、社区、社会五个维度组成；研究性学习是由课题研究、小组合作、探究学习的各种研究性学习小组活动来完成。这一综合实践活动教育体系，使得学生的社会实践活动更加丰富、更加丰满、更加完整。如：我校的志愿服务工作是由学生自主成立的志愿者联合会负责组织实施，自主完成志愿者招募、活动审批、学分认定等工作，保障了志愿服务的常态化发展；自主开发自然博物馆、首都图书馆、PKU联盟、一耽学堂、团结湖敬老院等校外志愿服务基地；自主与小天使行动基金、惠心社会工作事务所、智行基金等多家专业公益组织进行合作，提升了志愿者服务专业素养和服务品质；自主设立陈经纶中学"以花之名公益团队"、"愿爱无忧团队"等公益创想项目，开拓了我校志愿服务新领域。

（3）倡导自选，突出自我发展式教育。我校开设的多元课程和多种学习方式，为学生的自主发展提供了多种选择，极大地满足了学生个性发展的需求。除此之外，我校还大力发展学生社团活动，让每一个同学在经纬都能找到自己的兴趣点和发展点。从 2005 年开始进行社团工作尝试至今，社团已成为以学生为本的校园文化的重要体现。随着社团规模的扩大和组织体系的完善，我校在 2011 年成立了由 52 家社团构成的社团联合会，成为了继科、体、艺之后学生全面发展的另一特色。学生社团实行自主申报，分级管理。拾贝学生公司、模拟联合国、经济社、棋林社、经纬电视台、轨舞社、电影社等一批有品位、有内涵的学生社团，成为了培养校园精英学生的重要阵地。

（4）倡导自评，突出自我评价式教育。我校以北京市和朝阳区综合素质评价体系方案为依据，结合自身的工作实际和特点，初步形成由"八好班集体建设和考评"、"百名标兵系列表彰"、"学生个人综合素质评价标准"、"学生干部述职与考核评价方案"、"学生参与社团和学科活动考评"、"学生参加校本课程学分评定标准"、"学生学籍及学业管理规定"等制度构建出的规范化评价教育体系。为了提高综合素质评价的有效性和可操作性，我校探索提出了学生自评的"诚信原则"、学生互评的"赏识原则"、教师评价的"专业原则"、家长评价的"道德原则"等评价原则，取得了很好的教育效果。这些原则的提出，使得学生综合素质评价的多元主体重点突出，相互补充，操作性强。

（于亚萍）

学校文化建设的前提是形成办学共识

1. 什么是学校文化

顾明远先生曾说:"学校文化是学校的灵魂,建立了学校文化,全校师生就有了共同的价值观、共同的信念、共同的愿景、共同的努力方向。"

也有人说:学校文化是一种氛围、一种精神,它产生于学校自身,得到全体师生员工的认同、维护,并随着学校的发展而日益强化,最终成为取之不尽、用之不竭的精神源泉。

我更赞同:学校文化是指一所学校经过长期发展积淀而达成共识的一种价值体系,即价值观念、办学思想、群体意识、行为规范等,也是一所学校办学精神与环境氛围的集中体现。

一般认为,学校文化由外至内包括:表层的物质文化——学校的校舍、设施、环境体现出的文化色彩;浅层的行为文化——学校成员的行为体现出的文化氛围;内层的制度文化——学校各项制度体现出的文化特点;深层的精神文化——由价值观念决定的办学思想和群体意识。

2. 什么是学校文化建设

学校文化不等同于校园文化。学校文化不仅仅是环境文化,它更丰富于教师文化、管理文化和学生文化中。学校文化建设显然不是简单地改造环境,不是精美地汇报材料,也不是搞一个或几个特色项目。学校文化建设是为了形成师生共同的价值观,让教育思想更适合学生的发展,是解决灵魂深处的问题,让心灵产生共鸣。学校文化建设重要的是过程,是要不断丰富学校文化的内涵,让学校文化充满活力,常新常青,成为学校发展的原动力。

3. 学校文化建设的前提是形成办学共识

学校文化的核心是学校的教育思想和价值体系。而学校精神、办学理念、育人目标、育人方式、管理目标、管理方式等组成了学校的教育思想；价值观、学生观、教师观、育人观、管理观等构成学校的价值体系。因而，学校文化建设的前提就是形成办学共识。

而对于陈经纶中学而言，学校文化建设就要：秉承"为孩子们办学"的优良传统，不断丰富办学思想并创新办学思路，让素质教育真正在校园里落地生根，惠及每个学生的成长和发展，进而促进学校的全面建设和发展。

陈经纶中学具有九十多年的办学历史，虽然四易校名，但"老实、宜强、勤奋、创新"的校训始终未变，蕴含其中的"老实做人，勤奋做事、自强不息、创新发展"的经纶精神传承至今，不仅教育鼓舞着一代又一代师生，而且形成了学校深厚的办学文化。

陈经纶中学在学校文化的平台上全面践行素质教育，与时俱进，提出了"建设个性化学校，成就个性化教师，培养个性化学生"的办学宗旨；明确了努力为每个学生的全面发展提供最适合的教育，为每个学生的健康成长提供最有保障的教育，为每个学生的个性培养提供最有特色的教育办学承诺；学校教代会还通过了"办学个性化、施教科学化、校园数字化、规模集团化、学习国际化"的办学目标和任务，丰富了学校在现代化进程中新的文化办学内涵，确保师生的全面和可持续发展。

陈经纶中学追求"办学个性化"和"施教科学化"的办学文化，一方面明确了"实施做人德育，创建青春校园"的德育工作目标，构建了"三构建一加强"和"三深入一自主"的经纶德育工作模式，逐步形成了以学生为主体，坚持"全人教育"，呵护和培养学生健全个性的育人文化；另一方面，围绕着"教学民主性，课程多元性，学科和谐性，学习自主性"的经纶教改目标进行大刀阔斧地教学改革和创新，大力倡导"科学施教、因材施教、快乐施教"的"三施教文化"，从而构建了师生在新课程中共同发展的办学文化平台。

陈经纶中学为了坚持党的教育方针，全面践行素质教育，努力实施全人教育，保证学生的全面发展，重新明确了对经纶学子的培养目标，即："让每个学生戴着健康的王冠，睁着理性的双眼，挺起自信的胸膛，装上知识的马达，扬起理想的风帆，插上科技和艺术的翅膀，翱翔出陈经纶中学，成为国家的英才和栋梁。"全面提升了经纶的育人标准和育人品质，并积淀出具有陈经纶特色的办学文化。在这一办学文化中，不仅有内涵丰富的教师文化、管理文化，而且还有以学生为主体、彰显学生积极性和主动性的学生文化，从而形成新型的教学相长的和谐关系，促进学校的全面建设和发展。

（于亚萍）

特 色

　　陈经纶中学在近百年办学文化的积淀之上，秉承"为孩子们办学"的优良传统，不仅将文化建设蕴含在首都名校建设之中，而且以文化建设作为推动学校内涵发展的原动力，不断丰富办学思想并创新办学思路，让素质教育真正在校园里落地生根，惠及每个学生的成长和发展，进而促进学校的全面建设和发展，并形成了一些独特的校园文化特质。

和谐发展的校园文化氛围

　　追求创造一种学校关心、工作顺心、胜败平常心的舒畅氛围；追求创造一种工作有声有色、生活有滋有味、人与人之间有情有义的工作氛围；追求创造一种事业留人、待遇留人、情感留人、工作留人的成长氛围；追求创造一种师生与学校共行动、共发展、共荣辱、共命运的责任氛围；追求创造一种民主、尊重、宽容、理解、平等的现代教育氛围。

以人为本的学校管理文化

　　提倡干部历练"人性、人品、人格"，每位干部都是一面旗帜，真正成为师生的楷模；引导教师实现"合作、合力、和谐"，努力形成民主、平等、和谐的师生关系；启发学生坚持"主题、主体、主流"，每位学生的个性得到张扬，所有同学得到全面发展。

彰显个性发展的学生文化

　　突出主体，自管自育的主人文化；突出体验，丰富多彩的活动文化。
　　突出自选，千姿百态的学习文化；突出自主，全面发展的成长文化。

（红袖子整理）

2. "有品"校长：从文化立校到文学强校

他从事教育管理工作 16 年。先后获得"北京市德育先进工作者"、"北京市初中建设工程先进个人"等荣誉称号；他兼任中国当代文学研究会校园文学委员会理事、中国少儿报刊协会小作家分会北京市陈经纶中学写作中心主任等职务。他就是北京市陈经纶中学东大桥校区初中部校长贺小兵，中学数学高级教师。

印象

"有品"校长当如是

梁启超曾经写过这样一篇文章《敬业与乐业》，一个人能够敬业和乐业的前提是有自己的事业。如果把敬业与乐业和一个人的品质结合起来，我想用"有品"来形容贺小兵，才能将他的追求与人品全部涵容其中。

我所认识的贺小兵，是一个在自己坚守的事业原野上，不断追求教育品质，不断提高个人品位的人。如果更细致地解读他的"有品"，我以为应该包含三个方面的内容：教学有品格，办学创品牌，管理重品位。

1. 有业——教学有品格

如果把数学比作一个圣殿，作为数学教师的贺小兵，不满足于带领学生踏上圣殿的台阶，而是要带领学生在追求数学知识的同时，让学生在探究数学奥秘的过程中探究知识形成的过程；在带领学生追求知识的过程中，让学生自己到生活中寻找数学的痕迹，描述数学之美。

看似虚拟的数字王国，看似虚幻的数学思维，让他演绎出艺术品质，这是贺小兵在教学生涯中对自我事业的追求。时代赋予教师教书育人的责任，而他赋予自己做人的高级趣味，让学生在学习中感受到学习的品位。

2. 敬业——办学创品牌

负责担当是他追求的做人准则。工作在教学和管理一线，他始终选择把德育管理和环境育人作为学生思想成长和人格塑造的大环境。他经常说的一句话就是"教育要回归人的本质"，这里面包含了他对办学的一种追求。

对学生的人格塑造和心理发展的关注，体现出他工作的细致，也包含了他办学创品牌中对学生的"铸心"教育，这种对事业高品质的追求，让学生作为一个完整的生命走完初中教育的旅程，给学生未来发展和实现人生目标奠定基础。

3. 乐业——管理重品位

在领导岗位上，贺小兵善于发现教师之长，用科学的管理成就教师的特长。如果说这是一种风格和品位，倒不如说这是用自己的智慧成就他人事业的品质。这种品质创造出别人的业绩，他收获的是一份快乐，乐业情怀也许就在其中了吧。

一个人对自己的事业有了尊敬，从中体会出快乐，这是他的做人品质，也是对教育品质的定位和理解。用一句话概括他对教育的理解：教育是求真、求善、求美的事业。一所学校要让师生在追求真善美的过程中去体验幸福，感受快乐。

（高殿军）

寻找学校内涵式发展之路

"学校的发展过程是建立在不断打破的基础上的，领导者在教育实践过程中用科学的思想和实验不断拓宽自己的教育之路。"本部初中的发展走的是内涵式发展之路，在这条路上，虽然不断遇到阻碍，但是凭着对教育的执着，推倒了那些阻碍他们进步的教育围墙。在寻求学校内涵式发展的路上，他们不断建立起自己的教育模式，总结出自己的办学经验。在此基础上，他们还不断地向外求索，吸取那些鲜活的、对学校教育起到助力作用的思想，以求在学校课程建设和办学水平提升上实现双赢。对于陈经纶中学本部初中这些年来的探索，用八个字总结：问道、铸魂、培根、提升。

问　道

学校的发展需要注入多少活水？作为校长的管理者需要如何"问道"才能建立学校发展的新思路？新的思路怎样才能成为教学改革和学校发展的灯塔……自担任初中部校长以来，贺小兵一次一次自我追问，来自内心的声音提醒他：不要固守教育的原地，追求创新和打破传统教学的桎梏成为他的一贯追求。一次一次对外询问，寻找突破的路径。问道，让教育的问题清晰起来，让改革的方向更加明确。他以课堂教学为切入点，建立框架式备课体系，指导各个教研组结合本学科的特点进行尝试、研究、实践。结合生命课堂的研究，打破以往以教师讲授为中心的教学弊端，建立以学生学习为主体，教师指导点播为主导的新的课堂教学标准。每天深入备课组，深入课堂，与教师一起研究，一起实践。老师们渴求改变，敢于探索，树立起了陈经纶中学务本求实、以生为本的教学风气。

在贺小兵身边的张德庆校长是一位名校长，张校长的教育理念非常先进。十年来，向张校长问道是贺小兵最大的快乐。有时与张德庆校长在操场上、在楼道中相遇，贺小兵都主动请教，不放过向他学习的机会。贺小兵深深知道，时刻将自己定位于一个学习者，才会让自己不断充实，不断进步，才会让教育改革创新的步伐稳步迈向理想的境地。

铸　魂

这样的情景，初中部一些晚归的学生和老师都见过：傍晚时分，寂静的楼道中有一个身影，手中拿着图纸和尺子对照墙壁的大小进行测量。这是校长贺小兵，数学教师出身的他，把对数学的精确态度用到了对于墙壁设计的精心、精致追求上。"让学校的每一面墙壁说话。"贺小兵一丝不苟，精益求精，力求让学校的设计充满文化品质和教育内涵，校园每一个角落的设计、布置，每一面墙壁体现的教育内涵都有他的心血，都有他的思考。

自担任初中部校长以来，贺小兵把职业当成事业，乐此不疲。让学校充满文化的品质和教育的内涵，是贺小兵一直追求的办学理念；用人文的管理理念，将文化育人与学校管理的"铸魂"结合起来，是贺小兵长期坚守的管理原则。

贺小兵认为，一所学校，上下同心，动作协调，科学的管理制度是必要的。因此，他根据学校的实际情况，制定了切实可行的管理制度，使学校的教育教学活动有章可循、有规可依，并且使管理过程更加规范化、程序化、精细化，进而规范了教师的教学行为和管理行为。

但老师们都能感受到，这种严谨的管理制度中充满了人文关怀。繁忙的工作之余，贺小兵经常深入课堂，通过听评课，对教师的教学问题和学生的学习问题进行认真分析，并提出合理化建议。

很多老师说，贺校长在以自身良好的素质和能力取得师生信服的同时，还以自己特有的人格魅力吸引教师，取得教师的信任，并以此影响教师的思想和行为，做到以德服人。这就是贺小兵，总是以身作则，为人师表，表现出高度的事业心和工作责任感，为师生而想，为师生而做，敢为人先，甘为人梯，以自己的真心、诚心和信心感召教师，使得教师们心往一处想，劲往一处使，全身心地投入到教育教学中。工作中，他对于普遍问题及时召开教师会，提出具体改正措施，力争做到学校统一实施，创造整体育人环境，保持学校的整体发展。对于个别问题，通过单独谈心，帮助教师分析工作中的不当之处，并耐心、善意地提出处理意见，有时根据需要，还协助处理。他的诚心，换来了教师的信任，教师遇到问题主动请教，班级出现问题及时协商，使问题都能及时、合理地解决。

目前，初中部的学校文化育人体系以课程文化建设、优生培养文化、学校特色活动文化、班级文化建设、校园环境文化建设为线索，将学校的基础教育课程、拓展课程、特色课程联系起来，并以班级教育为助力，校园文化活动为载体，形成了网络式的育人和管理体系。

"在这个体系中，'文化'是灵魂。"贺小兵强调，学校就是要用人文的管理理念，将文化育人与学校管理"铸魂"结合起来。

培　根

一次在教研组会议召开前，参会的一位老师无意中看见校长贺小兵打开放在会议室桌子上的笔记本，上面写着"优生质疑习惯养成问题卡"，下面是一个有待完整的表格。这件事让这位老师特别感慨：校长这么忙，还如此关心学生习惯养成这些细节问题。

其实，如果对陈经纶中学初中部有所了解，对贺小兵的笔记就不奇怪了。学校近年来十分注重培养学生的习惯，将学校层面的设计和学科教学进行结合推进，形成了独具经纶特色的"培根工程"，以学科、德育、课程、活动为一体，助力学生习惯养成培养，将养成教育与教育常规化、核心习惯人格化作为培根的目标。

贺小兵认为，习惯是人才培养的根基。坚守在自己对教育理解的芳草地，他始终选择把德育管理和环境育人作为学生思想成长和人格塑造的大环境，用各种方式培养学生对学校文化的认同感，用触动心灵深处的教育去感染学生，引导学生成长。他坚持全人教育，坚持给学生创造全面发展的机会。

近年来，贺小兵结合初中教育工作，进一步明确了教师的工作原则，以指导规范教师的教学行为和教学过程，即：贴近学生——贴近学生的学习生活，融入学生，寻找教育突破点；掌握规律——掌握学生的发展特点，明确阶段任务和教育标准，明确教育教学任务点；了解需求——了解学生的内心需求，为学生需求而教，确定教育教学工作；科学施教——科学地开展教育教学，提高育人实效，明确学习增长点。

独具经纶特色的"培根工程"，让经纶初中部把学生看成一个成长和发展中的人，追求的是教育的本质，追求的是每一位学生的健康成长和全面发展。

提 升

走上领导岗位之后，贺小兵特别注重教师队伍建设。经常挂在他嘴边的话是："教师的发展是学校发展和学生发展的轴心。没有教师的发展就没有学生的发展，更谈不上学校的发展。"他还提出，"没有发展意识的教师，培养不出具有发展意识的学生"。在他的倡导下，本部初中的每位教师把自身的发展作为自己的需求，研究、实践、探索、创新的教育教学风气蔚然成风，各个教研组都在追寻着自己的发展。每年新进入岗位的年轻教师深深地被这种风气影响，积极地投入到教育改革之中。

教师的发展既需要自己的努力，同时也需要学校创设条件，搭建平台。学校开展的"师徒帮带工程"提高了教师的视角水平和教育教学素养。在建设之初，他向全体教师发出倡议："教师的专业素养是教育发展的灵魂，老教师和新教师互助与和谐发展是学校文化的一部分。"为了促进师生共同成长和发展，学校加强教学创新，在深度研究课堂教学的规律和学生发展需要的前提下，对学校的办学品质进行提升。目前，初中部以教学品质提升为切入口，创建了属于学校自己的有效课堂模式。

他十分注重学生的全面发展、个性发展和可持续发展，培养学生国际化眼光，让学生在人生的奠基阶段就有对未来人生的设计。学校对学生的培养方向，得到了全体教师的认可，并赢得了家长的赞许，学生在高一级学校的出色表现，更加证实了他们工作的务实和效果。

"我们以师生共同发展的方式，完成了师生共同提升的工作目标，建立起长效发展的评价机制，推进教育改革。"贺小兵对学校的发展充满信心。

（红袖子整理）

管 理
刚柔并举的管理特色

"管"具有自上而下的刚性品质，"理"体现出由内而外的柔性特质。陈经纶本部初中坚持刚柔并举的管理理念，促进学生、教师、干部的和谐发展。

"入心"管理

在学校管理中体现出刚柔兼备的特质，校长遵循"律己达人"的思想，用自己的豁达开朗、宽容雅量，创造宽松的环境，实行民主协作管理，主要表现为在商量之中出主意，在信任之中出力量。在本部初中的管理中已经形成了管理是全体员工共同责任的观念。在学校的日常工作中形成了一个具有共识思想和职责的工作流程，教师对在什么时候做什么事，做到什么标准，都清清楚楚。这个前提让学校的工作在自然的状态下，如一台机器一样良好运转。

学校管理追求品质，表现为确立制度内容，坚持以人为本的原则，将学校的核心价值观，借助管理的落实过程渗透到每位师生的心中。管理制度成为全体师生共同的意志和行动的准则。培养教师对学校管理的认同感，形成制度执行和管理的动力和向心合力。

"主人"管理

学校对学生的管理追求自管自育。对于学校管理而言，最好的管理是自主管理，最有效的制度是自我公约。学校的自治管理成为日常管理的有效架构。学校有三支教师自主管理组织，即：教研组团队，德育团队，干部团队；有三支学生自主管理组织：共青团组织，学生会组织，志愿者服务组织。每个部门都参与学生日常行为规范管理：个人卫生、环境建设、体育建设、文化建设的管理。师生在自我需求中成立自己的管理组织，每个组织成员参与学校的制度落实，制度的内容符合师生共同的利益和需求，这样让制度的完善更加符合民意，提高了制度在执行过程中的效能。同时，学生成为管理的主人，在经历中逐渐提高规范自我的标准，也在落实制度的过程中实现自我管理。这是培养学生的主人翁意识的摸索，也是学校追求内涵品质管理的执行力。

"诚信"管理

本部初中的管理追求是过程重于结果，创新高于规范。在管理上不追求简单化的指标评价模式，关注过程，关注创新，关注改革。从人的尊重和发展角度进行管理，容忍教师的个性化发展和教学表现，把培养个性化学生作为追求。不让管理成为师生发展的阻碍和负担，在用管理推动师生共同发展的同时，提高管理标准，增加学校的活力，让落后的管理思想和管理制度退出管理的舞台，追求打造以发展和催生师生"生命活力"的管理品位。

学校成立之初就将爱国教育、集体责任感教育、理想教育与养成教育互相融合，渗透到学生的日常学习、班级管理、课外活动、劳动卫生、社会实践中。特别是在"诚信"教育方面，学校利用墙壁格言、班级名言等进行环境教育和熏陶。开展系列活动，就是为了让学生做到言行合一。时间久了，学生心中那颗诚信的种子已经长出了诚信的芽，开出了诚信的花。

（贺小兵）

文学强校

陈经纶中学东大桥校区初中部为了让素质教育在校园中落地生根，围绕着解决新时期德育工作的针对性、生动性和有效性的问题，提出了"实施做人德育，创建青春校园"的德育工作目标，建设了丰富多彩的学生文化，拓展了学生学习的空间，搭建了学生自主学习、合作学习、创新学习的平台，给校园文学的推进提供了肥沃的土壤、根本的保障，营造了氛围。借助推进校园文学的工作，建设文学校园，达到以文学强校的目的，学校从文学教育、文学活动和文学课堂三个方面不断进行了摸索和创新。

文学教育悟"道"为先，继而求"术"

文学的教育作用在校园内发挥的大小，取决于人们对文学教育本质的理解。总结以往我们所开展的丰富多彩的校园文学活动后发现，悟"道"为先，继而求"术"的思路是科学的。因为"道"是根本，我们的工作是把认识文学因素的性质作为开始，然后对文学在育人和语文课堂上的价值进行理性地把握和思考。"术"是实现和落实"道"的手段，是在校园开展文学活动和进行文学课堂实践的途径和方法。开展校园文学活动的，一个主要途径是阅读，我们避免了泛阅读，根据学生的特点制订合理的阅读计划。

教师在设计和开展阅读活动中坚持"四有"，学生在选择读物的过程中坚持了"四自"，前者体现了教师在文学活动开展过程中的严谨和务实，后者体现了阅读活动中的放手，给学生提供充分的自由和尊重。

1. 读——有序、有趣、有理、有情

校园文学不同于成人文学，可以把它理解为适合学生阅读和学习的文学作品，以及适合学生参与的文学活动。我们坚持以学生为本，从学生的实际出发。在这个理念中我们遵循了"四有"的原则——有序、有趣、有理、有情。解读以上这四点内容，它包含了如下内涵：计划有序、活动有趣、设计有理、内容有情。

计划有序体现在我们在制订读书计划的时候遵循从精神走向心灵的原则。校园文学的育人功能指向学生的精神世界，在选择文学作品的时候，重点关注包含精神因素的名人读本、英雄故事、励志人生的作品，力求以阅读为起点，打好学生精神的底子。例如班级小书架中的红色阅读系列"红岩"、"传记人物"等就体现了这样的追求。

活动有趣体现在活动方式的灵活上。文学活动坚持以培养学生的阅读兴趣为起点，以合作交流的方式伴随阅读活动的全过程，在学生的阅读活动中注入有趣的因素，力求在文学活动中让学生体验到读书之乐和读书之趣。学校开展的主题阅读、图书漂流、绘画阅读等阅读方式就深受学生的喜爱。

设计有理是指我们在阅读活动中遵循科学的教育理念，符合学生的阅读规律，在这个前提下开展阅读教学和校园读书活动。在读书活动的开展中，我们搭建读者、作者之间的对话平台，让学生亲近大师、作家、诗人，聆听作家讲述创作经历，以对话的方式亲近大师，让学生直面自己的阅读和写作问题，解决语文学习和写作方面的困惑。例如：有科学家和作家双重身份的位梦华进校园与学生面对面，用文学和充满灵动的语言与学生互动，讲解他的探险经历和他的作品，非常受学生的欢迎。

内容有情是开展文学活动的过程中牵手家庭成员一起参与，形成家校互动阅读的"阅读场"。在这个立体的阅读场中，以作品为载体，搭建学生和父母之间的情感桥梁。例如：我们所开展的亲子阅读活动，父母和孩子共读一篇文章，学生以一封家书的方式，把读书的感受和感悟写给父母，父母在家书之后写上回信，以此巩固学生的阅读成果，促进亲密阅读活动的达成。

2. 选——自主、自由、自选、自编

营造校园的读书氛围需要调动阅读主体的主动参与，作为阅读主体的学生，他们的阅读层次与成人是存在差异的，为了解决阅读施予和阅读需要的关系，我们从学生的阅读需要入手，坚持以学生为本，以自编自制阅读读本找到学生阅读习惯培养的入口，为学生提供作家的简介和创作风格。学生在课下自由阅读作品，然后将自己阅读过的作品篇目制作成电子图书，甚至打印出来，编辑成文集并为集子取上一个好听的名字，放到班级书架，在读书时间与其他学生交流或者交换阅读。

自主选文让学生的阅读兴趣保持长久，学生在自主选择篇目的过程中培养辨析文字的能力。他们的生命因阅读而充满活力，他们的思维因阅读而充满个性的张力。

自由阅读是实现学生个性化阅读的一条途径，在老师指导下的阅读往往会限制学生的一些思想，应该让学生根据自己喜欢的口味去阅读，以此实现学生文学阅读的多样化。经过了解发现学生正在读的作品有寓言、童话、科幻、小说、评论、散文等。

自选写作是学生在阅读过程中与写作对接的一种训练。教师为学生提供可以选择的动笔方式，让学生养成阅读后动笔的习惯。经过调查发现写感悟、写随笔、写评论、做摘记、改写、扩写、续写等都是学生喜欢的方式。

自编自创可以培养学生联想和想象能力，发展学生的创造性思维。这是一个由阅读而生发的写作能力的渐变过程。学生经过一段时间的阅读之后，积累了一些语言和写作技法，阅读有时就会成为一种外在的刺激，让学生在对文字和故事的审美体验中回顾生活，产生创作的欲望。学生自编自创课本剧的过程就是对文学作品再创造的过程。

以文学活动阅读为"基"，活动为"台"

为了避免僵化的文学活动与写作教学的隔离，同时也兼顾文学活动与育人功能的关系，我们把活动目标定位于让学生在活动中体验审美的奥妙，在无形中直接享受文学活动真善美精髓的点化。通过实践研究，我们去寻找适合学生参与、以发展学生为目标的方法和途径。在这个研究过程中我们坚持：校园文学应该引导学生在活动中洞悉人的本质、生命的真谛，尊重学生的动态生成和独特的人生体验，引领学生去发现人生的意义，提升语文素养，思考生命和未来，构筑他们的精神家园。对过去开展文学活动中的一些尝试进行总结，认为对学生帮助比较大的活动方式有以下几点：

1. 论——激发文学观点

学校成立了"心语"文学社之后，最有特色的活动就是开展每周一次的"阅读论坛"活动，以"阅读和写作"为主题的午间论坛活动，学生在一周之内相约阅读同一篇文章或者同一部作品之后，带着个人的阅读感悟和阅读观点在固定的论坛时间进行交流。在交流中对自己的读书认识进行深度思考，在与同学的辩论中丰富自己的文学思想，充盈自己的文学语言，文学观点也会在这个过程中逐渐走向成熟。

2. 演——体验文学真意

将学校"经纶小舞台"的建设与校本课程的开展结合起来，小舞台是学生话剧表演、朗诵、艺术特长和才艺展示的一个平台。带有校园文学因素的历史剧编写和演出活动，体现了语文与历史学科的整合思路。剧本创作活动是学生的一种高级写作活动，是在阅读基础上的一种高级创造活动。在校园中举办剧本的创作与编演活动，学生在阅读活动中再次体验文字、欣赏文字，在表演活动中，学生带着自己的理解，结合自己的生活经历，对人物的台词进行体会，对人物的心理进行揣摩，对人物的表情进行拿捏，他们在这个活动中体验的是文学的真意。

3. 诵——审视文学美善

文学作品是一个有声的生命存在，它将浓厚的民族文化情感潜匿于静止的文字符号之中，学生诵读体验的过程便是用抑扬顿挫的声调将无声藏情的语言转化为有声溢情的语言。在琅琅的读书声中，语文文本中特有的音韵美和内在的情感美才能跃出纸面，驻于心间。每年固定开展的"校园双语诗歌诵读活动"和"经典诵读活动"让学生在诵读过程中体验了文学的美与善的情感。

探索文学课堂，实现"语用"和"人文"的自然融合

语文教学中，文学因素的融入使语文教学和语文课堂被赋予了人文的因素和特征。语文课堂如果缺乏了文学因素的支撑是软弱无力的，从这一点上看，"语用"和"人文"是自然融合的，并不是割裂的。

文学与语文更好地融汇，就可以让语文课堂充满生命。文学因素与课堂内容有机整合起来，让学生在吸收中使用和消化其中的营养，让文学充盈学生的人生。

语文课是学生学习语言运用的课，把文化修养、精神熏陶很自然地带入课堂，使学生在文本阅读和鉴赏过程中形成一种敞亮明晰的思维方式。

1. 入乎其内，沉入文学

我们知道文本阅读不同于平时的消遣性阅读，文本阅读中，教师不仅要引导学生进入文本内部，读出文本的原生价值，读出文本的文学价值，还要读出文本的独特价值。教师引导学生与文本、作者之间建立联系，打通对话途径，文本中包含的文学价值才会被学生领悟。

2. 出乎其外，引入文学

对文本教学价值的理解，首先要理解编者的意图，看清楚编者的意图，在这个基础上再去理解教学价值，才会对教学价值进行准确的定位。教师在对文本教学价值理解的基础上，聚焦学生的需要，对自己储备的文学因素进行取舍，引入课堂教学，为学生的思维搭建桥梁，为理解文章内容进行引路，帮助学生沉入文本的深处去体验和思考，最终获得有价值的东西。

3. 内外结合，自然融合

结合学校的文学活动实际，我们把校园文学活动的开展与校本课程的开发结合起来。结合学生的学习和自我发展的实际，重点研究和落实品牌活动，让这些活动在开展的过程中逐渐成熟，在成熟之后再把它设计成课程。当这些活动上升为课程以后，再作整体的设计和实施规划，建立评价机制，对课程进行评价。我们认为校园文学课程化不是高不可攀，循序渐进就可以看到希望和成果。

在过去的一个阶段，围绕"读写"因素展开的活动比较成熟了，语文教师分三个年级开发了读写教材"走"系列，七年级读写教材是《起航》，八年级读写教材是《远行》，九年级读写教材是《翱翔》。一共有 50 多万字，体现了课内与课外相结合的开发理念，在使用的过程中教师在文学读写的链条上实现了自然的融合，找到了阅读与写作的有效途径。

在力行课改之道的今天，我们用文学涵育语文教育，给学生营造生命成长的文化土壤，让教育更好地抵达学生的心灵。

（贺小兵）

特 色

走进陈经纶中学本部初中，最打动人的是静静站立在校园一角的红色雕塑"化茧成蝶"。雕塑包含着学校育人的追求和教育理念：让每一个学生在经纶初中校园的学习经历中，学会自我管理；在教育的助力下，获得"茧壳中蜕变生命"的自我成就。这所校园，在崇尚回归教育的本真，追求自然与生命的和谐中，形成了特有的课程文化。

"研本"特色实践课程

结合开展的活动进行研究性学习，是学校课程建设的一个亮点。学校开发校园之外的资源，结合对国家课程的学习，打通课本知识与校外研究的通道，将学生观察、思考、研究等多方面能力综合在一起。这样的课程建设思路促进学生在科技馆实践课程中把物理现象探究和物理知识学习结合起来。在博物馆实践课程中还具有跨学科整合的特点，把多学科的研究内容整合在一起，进行综合学习探究。例如：将地理学科与语文文化研究进行整合，学生以"玉"文化研究为主题，了解玉的形成与地理条件的关系，探究了古代玉与君子追求的关系。以学生研究为特色的课程让学生的研究实践能力提高了许多。

"校本"特色活动课程

学校校本课程的建设与开发以"六解放"为原则：解放学生的脚，让他们走进生活，开展实践调查；解放学生的眼，让他们在阅读中去搜集；解放学生的手，让他们在写作中去认识；解放学生的嘴，让他们在合作中去探究；解放学生的脑，让他们敢于独立思考；解放学生的心，让他们大胆去想象。以此培养学生的思维能力和综合素质。以学校"经纶小舞台"建设为核心的"戏剧社"活动，形成了阅读、创作、编演体系。学生在活动中将话剧表演、朗诵、艺术特长和才艺展示融为一体，在个人能力和特长上实现了整合。

"生本"特色阅读课程

学校最有特点的是阅读课程的建设，除了国家规定的课程之外，学校在文学阅读领域摸索出一条特色之路。自读读本的编选已经成为学生不愿放弃的精神食粮；自主选文让学生的阅读兴趣保持长久，学生在自主选择篇目的过程中培养速度和辨析文字的能力，以此实现学生文学阅读的多样化。学生正在读的作品有寓言、童话、科幻、小说、评论、散文等多种样式。自选写作方式是学生在阅读过程中与写作结合的一种新思路，学生在读后写感悟、写随笔、写评论、做摘记、改写、扩写、续写。

（红袖子整理）

3. 爱讲故事的校长"讲"出好学校

她工作25年来，先后担任过教师、团委书记、德育主任、教科研主任、校长助理、分校校长等职务；她的研究课荣获北京市一等奖，论文《思想品德课体验式学习初探》《运用学习者分析整合教学策略提高课堂教学有效性的实践与思考》获市级一等奖，课题《德育途径方法的深化研究》荣获全国"整体构建学校德育体系深化研究"优秀成果一等奖。她荣获"朝阳区骨干教师"、"'三八'红旗手"等荣誉。她就是北京市陈经纶中学保利分校校长、中学政治高级教师张海霞。

印 象

斗士·仁师·"学士"

海霞，海之霞光，光芒四射。

人如其名——张海霞是教育理想的斗士。她短发利落，身躯娇小，然而，谈话间手势有力，声调铿锵，总是充满昂扬的斗志。

海霞校长就是一位极具激情的领导者，她立志将陈经纶中学保利分校打造为朝阳区的东部名校。

"'狭路相逢勇者胜'，在如今教育面临巨大变革的时代，我们只有具有'剑锋所指，所向披靡'的'亮剑'精神，苦干、巧干，才能让保利分校真正成为孩子们喜欢、家长满意的学校！"她对保利的未来充满如此的激情与斗志，吸引着越来越多志同道合的教师加入。

她还是心怀感恩的仁师。心怀着经纶集团对自己培养的感激，她来到保利分校，一切从零开始。身为一校之长的她身兼数职——管理、教学、德育……然而，她从不抱怨工作的繁累，而是怀着感恩的心，将这视为开创辉煌事业的又一开始。

创业之初，她与学生摸爬滚打、一起成长。"三礼"课上，她用自己丰富的人生经历告诉孩子们要做一个有远大理想的人；西柏坡前，她带领学生阅读家长们写给孩子的信，共同感受父母的舐犊情深；学生食堂，她双手合十，默默带领学生们感谢食堂工作人员……"以仁爱之心感激他人必将收获更多的爱！"她总是这样告诫保利学子。

她更是精益求精的"学士"。"学最好的别人，做最好的自己"是张海霞对保利人说得最多的一句话。为了让保利分校的教师快速成长，让学生们视野更加开阔，她"团结一切可以团结的力量，整合一切可以整合的资源，挖掘一切可以挖掘的潜力"，在传承、创新经纶理念中大胆而锐意地改革，与保利人一起，创造了一个"新标准、新常态、新品质"的新保利。

（汪玲玲）

故事

一个爱讲故事的校长

"教育管理是培养人、发展人的工作，既需要责任也需要激情，既讲究科学也讲究艺术。"在保利分校，语言生动、感人，极富有感染力的校长张海霞，常常通过讲故事的形式把学校的办学传统、办学理念、发展愿景讲给老师、讲给学生、讲给家长、讲给周边小学中小衔接的六年级学生和家长听，让每一个听者入耳入脑入心，真正发挥思想引领的作用。

宣传故事——统一共识

陈经纶中学有着九十多年的办学历史，无论是创办者还是管理者、教育者，都有着很多鲜活、令人感动的故事：陈经纶老先生多年在几平方米的斗室办公，却捐赠近 2000 万人民币改建陈经纶中学；陈经纶的特级教师团队在师德和学科素养上，为所有的经纶教师树立了榜样；经纶的优秀学子多次冲出北京，走出国门，参加世界级比赛获得金奖，为祖国争光……作为校长，张海霞在每年新生家长会、学生会、新教师会上，都会将这些励志感人的故事分享给大家——

欢迎各位家长，进了经纶门，咱们就是一家人，我也是一名家长，非常理解您对挂着名校校牌的新建校的疑虑和犹豫。作为一个在经纶工作 15 年的老经纶人，我在这里可以明确地向您承诺：请放心，任何一个经纶校区都会为周围的百姓提供最优质的教育！不管是建立了几年、十几年、几十年，甚至是像我们这所刚刚两岁的小弟弟。因为我们有"四大锦囊"作支撑。

第一大锦囊：统一的办学目标

经纶集团是一个整体，虽然各个校区分布在朝阳区的东南西北，但是"五化"办学目标是一致的，保利分校"创朝阳东部名校，支撑总校首都名校建设"是我们不懈的追求。为保证新建校的高起点、高站位，总校选派了各校区的优秀干部组成管理团队：校长来自嘉铭分校，书记来自总校高中部，副校长、总务主任来自帝景分校，教学主任来自总校初中部……

第二大锦囊：统一的师资力量

经纶招聘是出了名的严格，校区筛选简历——面试——笔试——试讲——专业审核——集团整体面试、综合考查——实习——正式入职。

每个假期的集体框架式备课、每月一次的集团联合备课、每学期一次的联合监测、每学期一次的集团校本培训，保证统一的教学标准与质量。

集团专家监控小组每学期巡回于各个校区之间：听课评课、诊断分析、有效指导，促进每个教师的专业提升。

第三大锦囊：统一的教育资源

合力合作、资源共享的学者、学府气息洋溢在经纶集团的各个校区：硬件设施合作共享，集团总校召开的经纶运动会、优生夏令营、嘉铭分校的素质教育展示大会、帝景分校的全国特级教师学术研讨基地机制建设研讨会、保利分校的集团青年教师大会……

教育教学活动与指导上，校区间毫无保留，满足需求。保利分校自建校以来，来自各个校区的指导近 30 人次，我们的 7 位老师与其他校区的优秀教师建立了师徒关系，有 5 位老师参加了总校特级教师工作室的学习……

第四大锦囊：统一的评价标准

经纶是示范校，是名校，所有校区的评价标准、规范制度、评价体系、运行管理机制都是一把尺子，统一要求。

每年新生家长学校开课第一讲，张海霞都会通过讲故事的形式宣传经纶的办学理念、办学追求，坚定家长与学生的信心，满足家长与学生对优质教育资源的需求。

发现故事——营造"爱"氛围

2014 年暑期，为打造"激情阳光"的教师团队，保利分校邀请卡内基培训机构为老师们设计了为期三天的封闭式培训。

在分享环节中，老师们彼此分享着自己的成长故事，感动了很多同伴，收获了更多的成长感悟，同时也点燃了校长内心挖掘故事的火焰，校长变成了故事的"挖掘机"。暑期培训结束后，一系列故事挖掘行动便如火如荼地展开了。校长让每位教师将培训中分享的故事写下来，并增加一个自己的成长故事，由专人负责编辑成册，同时挖掘学生身上的正能量，把一个个学生身上发生的小故事挖掘出来，发现闪光点并发扬光大。让学生和老师们感受到身边精彩故事的同时，心灵得到更加丰厚的滋润，在彼此的激励中共同成长。截至目前，《放飞的爱——家教篇》已经出了两集，《感动的瞬间——教师篇》已编辑成册，《我的发现——学生篇》正在整理过程中……

初一（2）赵睿思同学意外受伤，右手骨折打上了石膏，但她并没有因为这个"非常合理"的理由让自己免做作业，而是尝试在电脑上用左手把作业打成电子版，再让妈妈打印出来裁好贴在作业本上。细心的苗雪老师看到了非常感动，把她的故事讲给全班听，张海霞校长得知后，把这个故事讲给全校师生听，并和同学、老师一起与她合影，还带领全校同学为她鼓掌。在鼓励的掌声中，赵睿思同学不好意思地笑了，在她心里，更大的变化正在发生……

在这次全校表扬后，班里很多同学的作业质量都有了不同程度的提高，大家都在向着对自己负责、认真对待学习的方向努力着。更可喜的是，期望的力量在赵睿思同学的身上产生了魔力，她的学习成绩不但没有因为手臂受伤而耽误，期末成绩竟然提高了 15 分。

……

张海霞就是这样用自己的真情、自己的智慧把育人的方法、教育的理想润物无声地融入一个个美好的故事中，影响大家的思想，启迪师生的心灵，每个人都争做有故事的经纶人。伴随着精彩故事的流传，师生情、家校情越来越浓，每个人的精神风貌也在悄然发生着改变……

设计故事——铭记"成长"的瞬间

2015 年春节后，还有 75 天初三就要中考了，越来越近的考试让孩子们出现了紧张与烦躁的情绪，学习状态出现了波动。

得知这一情况后，张海霞校长主动申请要为初三年级四个班的同学们上一节课。这让初三年级的同学和老师们都非常意外，政治老师出身、擅长讲故事的她认真准备一点不含糊。一方面找来思品老师、年级组长、班主任一起备课，讨论学生的需求、最近的表现以及情绪起伏情况；一方面和学生聊天、座谈，找出其中的原因与症结。明确教学目标之后，确定教学思路，并制定细致的教学方案，针对不同班级的特点还设计了个性化的重点环节，一堂《挑战蜕变，笑迎成长》的励志教育课在风趣幽默中、感动中、欢笑中开始了……从孩子们专注的眼神中，从孩子们热烈的讨论中，从孩子们认真的书写中，可以看出孩子们的心态平和了，焦虑的状态开始扭转了。

2015 年 6 月 30 日上午，127 名初三毕业生在学校体育馆举行了隆重的毕业典礼，同时也邀请了所有家长来参加。在献花、感恩等环节结束后，校长为毕业生颁发毕业证的环节迎来了活动的高潮，只见校长张海霞走上台，与每一个毕业生握手、拥抱，颁发毕业证，并送上寄语，瞬间，走上台的学生激动了，台下的家长感动了！

多么美好的时刻，家长和老师、校长一起共同见证孩子们的花季时光。

这就是张海霞，她竭尽全力，倾尽全力陪伴学生成长。

憧憬故事——环境浸润成长

自管自育是经纶学子德育培养的方向，如何及时捕捉学生的闪光点，并给予鼓励和表扬，让学生养成自主成长的好习惯？校长张海霞和老师们确实下了一番心思，最后结合学生的兴趣和需求，学校启动了大家非常喜爱的即时性评价体系——保利星"对兑碰"：

（1）评价操作

发展处会根据每位任课教师所教班级数、学生数、课时数，给每位教师设定周保利星奖励权限。每周学校会在学校保利星量化评比栏中公布班级所获保利星个数。此项评比，与学期末优秀班集体的评定挂钩。

- 课堂评价，由各学科老师在每节课下课前进行评定，参照班级学生意见与任课教师意见综合评选出随堂优秀学生，颁发保利星。学生个人所获保利星由班委按时公布在班级保利星量化评价表中。
- 年级评价，由各年级年级组长在每周五前进行评定，评选出年级优秀的班级，颁发保利星。所获班级班主任用于奖励班级内表现优秀的学生。

- 班级评价，由班主任在每日放学前进行评价，参照班级学生一日常规表现评选出当日表现优秀的学生，颁发保利星。

（2）星级兑换操作

在每月末举办一次全校级别的"对兑碰"活动，时间为午餐后，地点可根据天气状况选择教学楼一层或二层连廊，奖品种类有物质兑换与行为兑换，根据受欢迎程度设置相应的兑换星数，其中物质兑换包括学习用品、体育用品以及学生自主设计的奖品等，行为兑换包括与校长共进午餐、我带家长看校园、上台发言、国旗下讲话等。每次"对兑碰"可增设时下大家喜爱的奖品种类，还可以个人累积或全班积累至一学期末兑换保利吉祥物等等。

听说，保利学子最喜欢兑换的礼品是"我和校长共进午餐"。

"中奖"的学生，会结合学校发展、课程设置、成长困惑等多方面的问题，针对自己感兴趣的内容行使小主人权力献计献策，写"提案"提建议，并在与校长共进午餐的过程中，交流自己的想法。校长耐心听取建议的同时，和大家一起讨论并答疑解惑……

在张海霞校长的电脑上，开机屏幕是一辆飞驰的和谐号动车。这不是一个普通的动车图案，每一个保利分校的老师都知道这个秘密，这是她为学校这个大家庭描绘的发展蓝图。

"火车跑得快，全靠车头带"变为"动车跑得快，节节动起来"——这个理念给这所新建校的学校文化建设带来了全新的启发和深刻的思考。

面对经纶的高起点、高定位、高目标，面对着课程改革的挑战，面对着周围的竞争，张海霞提出了要把保利分校建设成"动车家族"。

在保利，每个人都是专家，每个人都是主人，每个人都是不可替代的，同时，学校打破了"等、靠、要"的局面，变"要我干"为"我要干"，形成了"不用扬鞭自奋蹄"的自动、自发工作局面。

走进保利分校，你会看到这样的场景：张海霞带领的保利"动车家族"，在这个家园、乐园、学园中，成长着、快乐着、幸福着。

（王洪燕　张文静）

对 话
做一个点燃、引领团队的管理者

激情与信心——让大家成为一家人

问：保利分校是为了实现教育均衡，满足廉租房、两限房地区百姓对优质教育的需求创建的，能感受到建校初期落差非常大，您作为创建者之一，是如何解决这个矛盾的？

张海霞：落差确实非常大，一面是陈经纶中学的高起点、高标准、高要求，一面是来自廉租房、两限房家庭里成绩参差不齐、基础各异的学生；一边是当地老百姓对优质教育资源的极度渴望，一边是正在装修还不能正常开课的小区配套校舍……一系列的问题和困难摆在面前，怎么办？怎么办？

首先要感谢经纶集团的大力支持：张德庆校长亲自联系周边学校，借址上课，从总校调配老师协助教学，争取相关部门对校园环境和设备设施的建设，并明确提出要通过陈经纶的优质资源"改变学生、改变家长、改变社区"，创建朝阳东部名校，满足老百姓的需求。

有总校做坚强的后盾，让我感到心里既踏实又有底气，我要带着创业的激情，让保利的团队树立坚定的信念。2011 年 7 月 13 日，我在一个临时的空教室里召开了第一次全校大会，58 个人全部到齐（27 名学生，27 名家长，我和 3 名老师）。这次会上，我发自内心地对大家说："各位老师、家长、同学们，今天是我们首届保利学生的第一次大会。走进经纶的大门，我们就是一家人，通过对大家入学情况的分析，无论是与经纶的标准比，还是与其他校区的学生比，我们的差距都非常大，但请大家记住一句话，人无自信无人信，不怕起点低，就怕没信心。初中生活刚刚开始，只要我们大家心往一处想，劲往一处使，我们一定能收获成功，请你们相信陈经纶，相信陈经纶的老师，更要相信自己！'创建精品初中，创建朝阳东部名校，让每一个学生都成为优秀的经纶学子'是我们必须追求的目标！"一番发自肺腑的真心话语深深感染了大家，扫除了孩子们的自卑，扫除了家长们的担忧，也为三位老师增添了无穷的力量。当时就有一个家长激动地站起来说："校长，您说怎么办吧？我们全听您的，论学问我们真没什么，您就把我们也当成学生，需要我们做什么，您一句话，我们一定尽全力，这三年我们和孩子一起走。"

他的话引起了大家的共鸣，接下来一个个经过精心设计的活动也让家长和孩子们的信心大增：与嘉铭分校一起参加适应性训练，荣获"最佳班级"称号；到帝景分校"游学"，得到师生的好评。最激动的是家长和学生一起到总校参加开学典礼的情景：经过事先简短的培训和相互提醒后，衣着得体大方的家长坐在来宾席，孩子们各个穿着干净整洁的校服，佩戴着鲜艳的领巾，端端正正地坐在台下。看！邓佳丽同学代表保利分校发言啦："老师们、同学们，尽管保利分校现在只有27名学生，但请大家放心，我们一定拿出'以一当十，以一当百'的精神，刻苦努力，奋力拼搏，为保利增光，为经纶添彩……"所有的这一切不仅让大家的辛苦付出有了回报，而且增添了无穷的信心和勇气。

美国作家费拉尔·凯普说，把自己喜欢并乐在其中的事当作使命来做，就能挖掘出自己特有的能力。热爱教育、乐观开朗、生性不服输的我，要努力坚持用自己的激情和自信，感染师生与家长，让大家一起并肩作战，携手前行。

阶段规划、构建体系、分步落实

问：俗话说"创业难，创业艰"，做任何事情只有激情和信心是远远不够的，您是如何带领您的团队建设这所学校的？

张海霞：首先是全方位的调研分析，包括家长、学生、老师和周边社区，经过反复研讨分析，归纳出学校存在两个瓶颈问题，一个是硬件，一个是软件。硬件上主要是小区配套设施与学校现代化的发展存在较大差距，这可以通过总校的协调和上级政府的支持，花三年的时间逐步解决。软件是最难的，存在着"三低三高"的矛盾。"三低"指：地处农村，周边社区适合教育发展的优质资源低；社区业主的家庭经济收入及学历素质低；因缺少良好的家庭教育，学生的学习习惯及文化基础水平低。"三高"指：学校的办学定位高，要办成朝阳东部名校和人民满意的学校；当地百姓对优质教育的需求高，对陈经纶中学保利分校有着较高的期望值；起办的标准高，集团对所有分校都是同一标准和要求，保利分校也必须一步跨入首都名校之列。

因此如何有效解决"三低三高"的办学矛盾和困难、如何实现学校的品牌建设将是保利分校面临的巨大挑战和课题。一方面通过和总校捆绑发展，提升标准，另一方面就是要结合自身实际，整体规划，分步实施。

为此我们初步设计了九年三段的规划：第一个三年：基础建设，第二个三年：品质提升，第三个三年：品牌形成。前三年的基础建设要完成校园硬件设施建设，初步形成规范的管理体系和运行机制，学生的行为习惯和综合素质有较大改进与提高。

转眼四年时间过去了，学校的基础建设已基本完成，首届毕业生中考取得了全区第12名的好成绩（全区83所初中校址），今年6月份刚刚结束的第二届中考再传居全区第九的喜讯。

"三个法宝"让团队更加凝聚，并富有战斗力

问：走在校园里，看到每位老师和学生的脸上都洋溢着灿烂的笑容，师生关系其乐融融，我想这其中肯定有您治校的法宝，请您给介绍一下。

张海霞：确实有，概括起来有"三件宝"：一个精神（亮剑精神），一个责任（《少年中国说》），一支歌（《众人划桨开大船》），它们是每一个保利人耳熟能详的内容。这是自建校以来，凝心聚力的三大法宝。

"亮剑"告诉所有的保利人要有坚定的信心，"即使对方是天下第一剑客，也要敢于亮剑，剑锋所指，所向披靡"，而校园的校史墙上工工整整镌刻的《少年中国说》，每一个保利分校的学生都能背诵，"少年强则国强，少年智则国智"，它时刻提醒所有师生肩负的重任。《众人划桨开大船》是每次学校活动必唱的歌曲，"同舟共济海让路，号子一喊浪靠边，百舸争流千帆竞，波涛在后岸在前"是经纶人再次创业的生动写照。

与此同时，同事之间简单的关系和对工作精益求精的执着，也让"保利动车"

跑得更快。很多人刚刚和我接触时，会觉得我为人很平和，但接触时间长了会发现我骨子里有一种男人的豪气和率直，凡事对事不对人，做工作我重在方向引领和意义阐述，而具体的做法留给老师们，让他们有自主工作、施展才华的空间。我也特别爱和老师们聊天，只要是对老师和学生的发展成长有利的建议和想法，都能被及时采纳。我所做的一切只有一个目的，激活师生积极发展的内驱力，点燃师生自主成长的内动力。我最爱和老师们说的一句话是"希望在经纶这个大集体里，保利分校不是一列火车，而是一列动车……"，"火车跑得快，全靠车头带；动车跑得快，节节动起来。"学校是大家的，我们每个人都是主人，自动自发的工作状态才能让保利早日赶上经纶的发展节奏与步伐。

经常听到老师们这样评价我：张海霞校长这个人特别好相处，非常简单，只要把工作做好，其他的不用你说，校长都看在眼里，和这样的领导一同工作，就两个字——"痛快！"

对工作的精益求精和执着，让大家深深地感受经纶高标准的同时，也体会到了作为创业者的艰辛。一个学校发展的终极目标是学生的健康成长，而学生成长的关键是教师的专业发展。面对着参差不齐的学生和来自四面八方的老师，经过研究各种课改经验，我们大胆引进"师友互助"学习模式，并结合学校的实际进行创新、改革。为了提高实效，我和老师们一起研究、一起上课，建小队、搞培训。腊月二十九了，第二天就是除夕了，可我们还在一起探讨学习方式的改革与评价。

这所新建校的教师团队80%以上都是35岁以下的年轻教师，他们有朝气、有干劲，但也存在着教学经验和水平参差不齐的不足。为了提升大家的专业水平，我们搭建团队建设平台，与卡内基培训机构合作开展以"打造高情商教师队伍"为主题的系列专业培训，增加凝聚力，传递正能量；搭建学术交流平台，以"保利书院"为载体，通过"走出去、请进来、同伴互助"的形式，提升专业能力，营造研究氛围；搭建工作管理平台，通过管理重心下移、倡导文化立组，通过"一组一品"、"一班一品"构建教研组年级组文化，开发校本课程，展示学科特色活动，促进教师的主动发展。

前几天在微信中看到一篇文章，很受启发："不坚持系统化学习，你会成为一个'碎人'"。文章指出，我们所说的知识由两部分组成，一是"事实"（观念），二是联系，事实就是一个个点，联系则是把点连接起来的线，它们所构成的网络就是我们所说的知识结构，只有知识网络才能真正拓展我们的思维网络，才是真正有价值的知识，系统论的核心是"整体性原则"，学校教育也是一个有机的整体，它的原理与我们的教育管理有异曲同工之妙。学校教育中的各种教育因素在发挥自身的个性优势的同时，只有互相配合，形成合力，完善整体的系统功能，才能促进学生健康全面地发展。在这里，上到校长，下到保洁员，每一个人都是教育者，秉承"我教我管我负责"的原则，承担着教书育人、管理育人、服务育人的职责。在这里，师生之间、同事之间、处室之间、家校之间只有团结协作，处处补台补位，形成一个纲举目张、坚固无比的教育网络，才能真正承担起育人的重任。

为此，我们开展了全方位的系列活动：每年暑假新生入学，任课老师和班主任一起到学生家中家访，了解孩子的学习生活状况，了解家庭教育情况。自 2011 年建校以来，我们连续五年家访率 100%，同时家长学校也举办各种形式的家教培训，现在家长们已成为我们一支重要的教育力量和教育资源。

与此同时，我们也组织教师开展了系列"关爱工程"：

"关爱家庭工程"：其乐融融的亲子、亲属春秋游……

"关爱健康工程"：强身健体的运动会、兴趣高涨的瑜伽社团和网球社团……

"关爱暖心工程"：热情洋溢的节日联欢、生日祝福，分享彼此的故事……

所有这些在构成教育合力的同时，也有力倡导了文明的生活方式，促进了师生的身心健康，增强了凝聚力和向心力，让每一个经纶保利人成长着、快乐着、幸福着。

（张海霞　田　虹）

保利办学理念和指导思想

办学理念

继续传承经纶集团办学理念的同时，注重：

（1）人本管理：以教师为本，加强激励、沟通的手段，实施质量目标管理，让每一位教师成为学校的主人；以学生为本，"实施做人德育，创建青春校园"，倡导"自管自育"，让每一位学生成为学习的主人。

（2）为学生可持续发展奠定坚实基础：为学生提供最适合、最有特色、最有保障的教育，面向全体学生，促进学生全面发展和个性发展。

保利分校精神

传承、发扬"老实做人、勤奋做事、自强不息、创新发展"的经纶精神。倡导"一歌、一说、一精神"的创业共识，打造"微笑、读书、常态"的保利名片。

学校发展目标定位

（1）学校办学目标：深入研究初中教育的规律，学习国际化的经验，认真落实陈经纶"办学个性化、施教科学化、校园数字化、规模集团化、学习国际化"的办学目标和办学任务，把保利建成"现代开放、个性凸显、施教规范、特色突出、师资过硬、质量一流、面向国际"的朝阳东部名校。

（2）学生培养目标：全面践行素质教育，培养"阳光自信"的保利学子，为经纶天使的翱翔奠定坚实的可持续发展的基础。

（红袖子整理）

特色

陈经纶中学保利分校创建于 2011 年，是陈经纶中学继嘉铭分校、帝景分校之后创建的第三所分校。经过几年的努力，学校已经完成基础设施建设，并开始进入"新标准、新常态、新品质"的内涵发展期，在办学过程中也初步形成了一些自己的特色。

"一五八"成长工程

成长是一个漫长的过程，经纶教育倡导全人教育，促进学生的全面发展，为让素质教育真正在保利校园落地生根，根据学生发展的需求，学校开发了"一五八"成长工程，即"文化一品"、"阳光五育"、"书香八名"。

"文化一品"：保利分校倡导动车家族文化，激励每个学生、每位教师自主成长，自主发展，自动自发地完成学习和工作，目标是一流高效、和谐创新。

"阳光五育"：育德、育智、育体、育美、育劳五育并举。

"书香八名"：记名言、临名帖、读名著、诵名篇、听名曲、赏名画、览名胜、学名家。

与此同时，学校还提出"教师引领成长、学生自主成长、家长陪伴成长、课程保障成长、环境浸润成长"，以促进"一五八"工程得有效落实。

朋辈互助的学长课程

学长课程的宗旨是以优秀催生优秀，以卓越引领卓越。保利分校充分发挥朋辈引领作用，研发系列学长课程。如"优秀毕业生回校讲学法"、"学长讲述高中生活"、"校长助教团之助教经验分享会"等活动，通过学业成绩优异的往届学长现身说法，在校优生对学弟学妹的积极引领，借朋辈之口达成教育目标，营造良好的榜样学习氛围，促进我校学生的整体打造和优质培养。与此同时，我们还与周围小学合作开展中小衔接课程，让在校的每一个经纶学子走出校门，服务影响更多的准初中生，增强其责任感与使命感。

活动形式的变化大大提升了学生的积极性，真实感触总结出的经验分享也增强了学生对教育内容的接纳程度，同时也进一步开发了教育资源，让教育更贴近学生的实际，自我教育效果更加凸显。

师友互助学习模式

师友互助是一项简单易行的学习策略，即学生同桌两人为一个学习小组，学习优秀的作学师，学习较弱的当学友，课堂上通过师友互助，实现双赢（独学而无友，则孤陋而寡闻），具体包括两点要求：首先一定要有学生的预习，其次一定要有师友的互助，这种学习策略最早来源于即墨28中。学校在原有的基础上，结合我们自身的特点，进行了大胆的改革与创新，逐渐从课堂走向课外（课外实践小队），从学校延伸到家庭（家庭互助小队），从学习延伸到管理，先后开发了学科助教团、班主任助理团、家长志愿团……

师友互助学习模式不仅激发了学生的学习兴趣，使他们快速提升了学习成绩，而且提升了学生学习的主动性和责任感。促进了教学观念、教学方式的转变，即逐步实现从重教到重学的转变、从重结果到重过程的转变、从重教会到重会学的转变。同时也进一步密切了师生关系和家校关系，促进了学校的整体工作。

（红袖子整理）

第三辑　质量强校

　　教育质量，是学习者和教育者的一致追求。教育的成败不仅仅体现为学生应试成绩的好坏，更主要体现为学生全面素质的优劣。质量是学校的生命，质量是学校的声誉，质量是学校的地位。强化课程管理，深化教学改革，提高课堂效率和教学质量，是学校管理者提升学校品质的不二法则。

1. 文艺女校长：管理要敢于示弱

她先后主持了"经纶科技人才课程体系"的改革、"全人教育与全人课程"的改革、"创新性学科作业与假期实践"的改革等多个课改项目；她所管理的陈经纶中学高中部，连续三年在高考中取得优异成绩，一本率始终在 90% 以上，连续在 2013 年、2014 年、2015 年高考中出现朝阳区文科或理科状元；她个人曾获得"朝阳区教育系统优秀青年教师"、"朝阳教育系统优秀教学管理干部"等荣誉。她就是北京市陈经纶中学高中校区校长牟成梅。

印象

"文艺女校长"

在陈经纶中学，牟成梅的办公室紧挨着教研组，老师们经常会去找她说说对教学工作的思考，聊聊生活与人生。但是，如果她的门上贴着这样一张纸条："洛阳亲友如相问，就说我在写报告"，老师们一定不会去打扰她。因为他们知道，"文艺女校长"又在搞创作——或是写教育感悟，或是写需要上交的报告……

跟牟成梅交谈你会发现，她很善于观察生活，从生活中反思教育、寻找教育的素材；她喜欢摄影和旅行，也喜欢用文字记录旅途的感悟，她的这种感性确实很文艺。但是，谈话中，她思维的深刻和敏锐，又能让你感觉到数学专业在她身上的印记。

见到她之前，笔者觉得这是个非常幸运的人。因为一个"小北漂"，能当上陈经纶中学校区校长，没点"运气"是不行的！细想起来，她确实是比较幸运，幸运地遇到了她职业生涯上很重要的导师张德庆校长，是他一步步把牟成梅从一个"个别生"引导到一个教育人的路上，启迪她从教育的角度思考身边的人和事。

说她太顺利，其实也未必。如果不是1989年的那场风波，她可能会提前四年开始她的北京梦；如果不是当时照顾"三类校"，让"三类校"提前挑选毕业生，她可能会凭实力更早地进入陈经纶中学；如果不是遇上张德庆校长让她负责管理工作，也许她今天已经能够评上某个级别的"骨干"称号；在陈经纶的干部中，她是唯一一个从年级主任升任校长助理，又下到副主任再升到主任又退回到副主任几上几下的干部……还有，在她自己的生活中也曾遇上过很多的意外：在新加坡留学期间，父亲因病去世没能见上最后一面；弟弟因为单位的安全事故离开人世，留下侄子需要她抚养……面对这些意外的时候，牟成梅并没有那么强烈地认为这是多么的不幸，所以在别人看来，这些事情她都这么就过去了。

跟她交流你会发现，她就是这么一个人，之所以别人认为她顺，是因为生活中遇到的所有好的、坏的她都照单全收，不去怨天尤人，只管做好自己该做的事情，这就是她二十多年的"北漂生活"练就出的韧劲！对生活，她就是那么一个女子，不倾国不倾城，只倾其所有过自己想要的生活；对事业，她时刻都全情投入，不苟且、不应付、不模糊，把自己正在做的事情当作与世界呼吸吐纳的接口。

她，就是这么一个很文艺的女校长！

（红袖子）

选择了远方就只管风雨兼程

从一个小县城走到了首都北京，从一个普通职工的孩子成长为一个重点中学的副校长，我最深刻的体会是：真正决定你的生活的，是你自己的态度、选择和决定。在经纶校园，我希望我的职业生涯与"百年经纶"一起，别样精彩。

对经纶校园"我选择，我飞翔，我担当"

70后的我是赶上"大学不交学费还管分配"的最后一拨幸运儿。幸运中的"不幸"是，放弃读研的我被分到了一个基础薄弱校当老师。即便如此，我在那个学校干得也是"风生水起"，以至陈经纶中学兼并那个学校时，我成了留在陈经纶中学的三个人之一。因为学校合并，没经过"试讲、面试"就进入重点中学的我，难免会遭到老师的质疑，甚至一些细小的事情都会成为"话柄"。回忆起这段经历，我到现在都觉得有意思。

记得刚到陈经纶中学，人事关系尚未正式办理的老师是不能从图书馆借书的。这是当时学校的规定。但是，快人快语且天性就爱开玩笑的我顺便说了一句自认为逗乐的话："已经娶过门的媳妇，就因为还没迁户口就不是你家人了，是吗？"结果，这句话被传得满校园人都知道了。顿时，这个未经"考核"就进入陈经纶中学的老师的形象就"鲜活"了起来：这64中过来的小丫头小嘴可太厉害……

有过在"三类校"的教学经历，我倒是不太在意，但是我也开始反思：第一，说话不可不看场合；第二，有意见合理反馈，并提出自己方案供学校决策；第三，对新同事无需挑剔，热情对待，自然会有融入集体的那一天。两年后，我在陈经纶中学带的第一届高中毕业生就让大家刮目相看：在当年的高考成绩中，只有我教的文科数学考到了全区第二名。

就这样，我算是在陈经纶中学立住了脚。然后，在 2005 年高考中，陈经纶中学的数学高考成绩考到了朝阳区第一名，我就是其中的骨干力量。"你知道吗？我在陈经纶中学这么多年，我根本就没有教过高一。因为大家都觉得还好我厉害，能镇住高年级的学生……"面对年轻老师时，我很自豪我的这段经历。其实我明白，如果当时没有受到质疑，我不会这么"倔强"地坚持我的"厉害"。事实上，从 2002 年起，我就开始一边做着年级和教学处的管理工作，一边教课。如果说，在北京的前五年是因为不服输的个性在支撑着我的话，在陈经纶中学的最初这七年，我开始有了自己的职业愿景：做一个有成就的教师。

说起做管理，我认为这简直是个"意外"。在我看来，不管是学生时代还是工作以后，我都不是一个特别"归顺"的人：说话比较直、还冲，但是为人热情，没有心机；工作很努力，很认真，但是"眼里不容沙子"，爱打抱不平……不过，优点也很突出：能反思自己，也能承认和承担自己的错误。所以，我觉得自己就是那种"成绩很好的个别生"。当张德庆校长跟我谈话，让我来做管理工作时，我当时的理解就是：校长这是在用"个别生"当班干部，即用这个身份来约束我……

此后，校长给了我很多学习的机会。很重要的一次就是把我送到新加坡南洋理工大学国立教育学院攻读教育管理硕士。在这一年的学习过程中，我开始深度思考自己在工作中的"说法、想法、做法"，开始思考我为什么而教，开始思考一个现代社会的学校到底应该教给学生什么……可以说，在新加坡的学习将我的职业愿景提升为了我的职业理想或教育理想。所以，这几年，不管我的主管工作是教育还是教学，不管我是主任还是副主任，我始终都没有动摇过自己的理想："我想做一个热爱生活、有理想的教育工作者！"尤其在我的职位几上几下过程中，我始终都认为，理想的实现并不是由你的职位来决定的，重要的是你正在做什么、怎么做的！

也正是因为这样的担当，在陈经纶中学壮大了集团化办学规模，整体进入了首都名校建设阶段的重要时段，我开始任职陈经纶中学副校长，并主管高中校区的工作，也开始肩负首都名校建设"排头兵"的责任。

校长张德庆经常这样形容高中校区在集团化办学中的位置：高中校区就好像

是一个大家庭中的老大，既要自己把日子过好，还要提携弟弟妹妹也过上好日子，更要受得了委屈。从那时起，我组织高中校区从首都名校建设的任务和要求来思考工作：以构建学生文化为抓手加强学生的德育工作，创建青春校园；以教研组学科建设为核心开展教学工作，加强国家课程校本化开发，进行课程建设，形成经纶课程特色；以人人参与的教科研来提升教师的专业素养和能力；以为了学生终身发展为基本出发点来开展"科体艺"创新活动。从那时起，我和我们的高中管理团队清醒地意识到：质量和品质成为检验陈经纶中学办学水平的关键指标。对此，我们提出了四个重点立项工作："框架式备课与减负提质"、"有效教学策略与常态优质"、"校本课程重构与'全人教育'"、"教学质量标准与优生培养"。从那时起，我们努力在工作中不断创新："听学生讲述师德故事"打破了"师德标兵轮流'坐庄'"的形式化评选；"创新性学科作业"从关注学科教学本质和学习本质的角度来切实减轻学生的负担；"假期实践手册"取代"假期作业"，让假期真正属于孩子们……所有这些改革，都源自"我是经纶人"的担当！同时，我在这几年的工作中也得到了锻炼，一方面，逐渐找到了协调带领团队的工作方式；另一方面，也从更高的层面思考了办学的目标和办学要求。我曾经以为自己做不到的事情，我们的团队做到了：在2013年、2014年和2015的高考中，陈经纶中学连续出了四个朝阳文科状元或理科状元，高考一本率也保持在90%以上。

对学生"别哭泣、别忘记、要相信"

都说"铁打的学校流水的学生"。面对在经纶校园里生活了三年的学生，作为高中校区的校长，我也难免有不舍，我送给了我的毕业生九个字：别哭泣、别忘记、要相信！

在学生眼里，我是个有韧劲的人。每当学生毕业离开经纶校园，他们中有的人或许出国留学，或许去别的城市念大学，即便是留在北京的，学生们都会有相对独立的生活，都会遇到这样那样的问题和困难。这些总会让我想起自己刚到北京工作的情形。

22年前，我自己一个人闯北京。当时，我在一个基础薄弱学校当老师，宿舍门就对着教室门，每天除了跟学生"斗智斗勇"，还会接待各种性格、个性的学生家长；每天除了进教室上课就是回宿舍备课；在北京没有家人，没有朋友，整周都不用出校门，甚至因为没有社会关系买不到回家的火车票……即便，在这样的孤单、艰难的日子里我都没有流过泪，顶多就是心里郁闷极了的时候，骑上自行车去天安门兜一圈，看见天安门了，我就会跟自己说"哦，我还在北京！"第二天，我照样带着灿烂的笑容跟我的孩子们摸爬滚打在一起。就这样，一个人在外的日子，好的坏的我都照单全收，不流泪，不埋怨，不放弃，一直往前！我也就用我的经历告诉我的学生："那些在陌生的城市里，漆黑的深夜中，颠沛流离的经历总能悄无声息地改变我们；但是，多艰难的时刻我们都不要哭泣，都要感谢青春里那些艰难的时刻，那些一边跟自己说着'加油'一边往前走的日子，也就是这些艰难的时刻才能真正成就我们。"我就是用这样的方式告诉我的学生：艰难孤苦时候别哭泣、哀伤与无助。

在学生眼里，我是个有责任感的人。作为一个校长，我很关注学生的学习和生活状态。我看到在这个"互联网＋"的时代，学生们生活中很大的一部分经历是被保存、分享并流传于微信、微博、QQ或是人人网上的；我看到学生们会花很多时间盯着屏幕看，却忽视了身边的人，忘记了对身边人的责任感……所以，我提醒学生，每当你打开电脑的时候是有很多人在为你服务着，你也不是完全独立的，你依赖着他们；也还有你的父母、朋友在通过各种方式关注着你，也因为他们的关注才会让你在艰难时刻不哭泣！这，也就是世界赖以存在的联系！对此，我借用校园里一尊刻有"学而事人"的文化石告诫学生：你们走进校门来学习，增长智慧，离开大门就要去更好地服务你的国家和你的同胞；也更是在提醒学生：自我沉迷时别忘记亲情与社会。

在学生眼里，我还是个满满正能量的人。在跟学生一起过新年的时候，我跟学生聊起了纽约《太阳报》，聊起《太阳报》为回答一个小女孩"到底有没有圣诞老人"的疑问而做的社论。我认为，有没有圣诞老人的问题，就像我们小时候问我们的父母"过新年真的有怪兽，需要放鞭炮来驱赶吗？"这样的问题对于现在的学生来说根本就不算什么，但是我反问学生，如果现在有一个小孩这么问你，你会怎么回答？你的回答能说服你自己吗？我告诉学生，相信"圣诞老人的存在"就像我们相信"爱、善心、忠实是存在的"；我们相信"放鞭炮能驱赶怪兽迎来新年"，就像是我们"相信自己能走过那些艰难时刻，迎来美好生活"。我们不能因为我们没见过圣诞老人，就怀疑这些美好事物的存在。现在的人可悲的地方就是不会质疑，而偏偏怀疑生活、怀疑人心。这样的人其实是怯懦的，他失去了对美好的正确理解和相信的勇气，更失去了面对失败或失望时的坦荡，以及获得美好生活的能力！世界上有许多东西是眼睛看不到的，是狭小的心眼想象不到的，像爱心、慷慨和忠诚，而它们却把我们的生活带到最美丽最快乐的境界。所以，我请我的学生永远要相信世界的美好和青春时期的激情与理想。

对事业"有情怀，有梦想，有追求"

朱自清先生曾说："教育上的水是什么？就是情，就是爱。教育没有了情爱，就成了无水的池。"教育需要爱，爱是教育情怀的魂魄！

我从一个倔强的老师，在陈经纶中学校园里成长起来，对经纶校园有了深厚的情感，让我从心底里产生了一种对教育事业的执着。这种执着，就是我对教育的情怀，对事业的追求。

2015 年新年之际，我给老师们提了个问题，问老师们是否还记得 2014 年 9 月 19 日是什么日子？不少老师赶紧"百度"，"百度"的结果大多是：这一天，苏格兰为是否脱离英联邦举行公投，阿里巴巴在美国上市，中国第一个大满贯网球运动员李娜退役……但是，我告诉老师们，这都不是我想要的答案，我希望老师们能告诉我：就在这一天，教育部公布了上海、浙江高考综合改革试点方案。我认为，这才是我们教育人应该关注的。显然我是失望的，但我失望的不是老师们给不出我想要的答案，我失望的是这条有关全国两亿学生、四亿家长的教育大事没能登上媒体的"头条新闻"，这"头条新闻"的缺失，昭示着时代的病症。但是，我希望"经纶"与"教育"永远是经纶人心中的"头条新闻"！这才是陈经纶中学超越时代的伟大所在，这才能彰显经纶人伟大的情怀与宽广的胸襟！

正是因为有这样的情怀与胸襟，在张德庆校长"全人教育"理念的引领下，我和我们高中部同仁们一起做了很多有意义的工作：我带领老师们实现了从关注学科知识和实践能力，到聚焦教育智慧和生命意义的跨越；在"全人教育"理念引导下的"全课程"思维方式，让把一切有利于学生健康成长的元素，都当作课程资源加以开发和利用，搭建了校本课程、"科体艺"活动和社团活动开展的"一五一"俱乐部课程体系；同时，我也带领老师们在很多方面做了尝试，比如：老师们自主设计的假期实践手册就得到了社会多方面的认可，把学科的学习实践变成经纶学生的必修课，拓展了经纶人对学科学习的认识，将张德庆校长"在体验中学习，在体验中成长"的学习方式进行了可操作性的尝试；更重要的是，我和老师们一起时刻审视自己的工作是否跟得上首都名校建设的节拍……也因为这样的审视，老师们才更加努力地做好自己的本职工作，也才有了陈经纶中学高中部的好成绩：高三年级实现了97%的一本率；朝阳文科状元再次出在陈经纶中学，三年出了四个朝阳状元，也还出了北京市的英语单科状元……

我的教育情怀还体现在，我总能从看似与教育无关的人或事中找到教育的契机或反思教育的责任。老师们会记得我给他们播放的一个视频《致匠心》。其实那就是一个广告视频，但是，我却从中发现了一个匠人对事业的执着追求："作为一个匠人，面对大自然赠予你的素材，你必须先成就它，他才能成就你！"我也就是用这样的一种执着来鼓励老师们对教育的追求："当老师何尝不是这样，咱们这份职业的尊严就来自我们在成就自己之前，必须真心地成就学生！"老师们也还记得我推荐给大家的视频《TED Talks Education》，鼓励老师们肩负起教育的责任，用教育家的智慧和胸怀去面对每一个学生。老师们也记得我推荐的书《孩子，你慢慢来》，鼓励老师们用心去静待花开，用心去倾听花开的声音……

这些年来，我一直是这样鼓励老师们，更激励我自己："我们一定可以做到理想的教育，因为我们都是有教育情怀的经纶人！"

（牟成梅）

"全人教育"与"全人课程"

——陈经纶中学课程改革实践

"全人教育"从尊重生命和对生命的教育的角度来促进个体的和谐发展和特色发展及不同个体的共同发展。全面发展即人的能力全面发展,指人的体力和智力的充分发展,又指人在德智体美各方面的和谐发展。"全人教育"是一种将以往的"以社会为本"与"以人为本"两种教育观点进行整合,形成既重视社会价值,又重视人的价值的新教育理念。

与"全人教育"相配套的,是我们"全人课程"的理念在课程建设中的落实。"全人课程"是以培养"全人"为目标,覆盖学校全部生活,推动学科全面融合,面向与教学相关的全部要素(包括教学内容、教与学的方式、评价方式、教学组织形式、行政管理体制、学校环境、教学资源的开发与管理等)的综合性课程改革,其唯一指向就是培养人格健全、思维活跃、个性鲜明、素质全面的个体。因此,我们也将"全人教育"的培养目标高度概括为:全面地修养、坚定地爱国、快乐地学习、健康地成长。

"全人课程"是一种思维,也是一种思想,即:用课程意识重新审视与学生成长相关的一切资源。换句话说,就是把一切有利于学生成长的资源都当作课程资源来开发和使用,更好地服务于学生的成长。

"全人课程"教育绝对不是一个"大而全"的课程改革,不是一个不断做加法的课程改革,它要求我们在实施中必须建立减法思维,让已经构建起的日益丰富的课程体系变得更简洁、更高效。

1. 基于"全人教育"的"全人课程"的基本架构

我们打破原有依据"行政级别"划分的三级课程(国家课程、地方课程和校本课程),依据学生个性和学习程度来划分课程的层次和梯度;依据学校办学对经纶小天使的描述，提炼出核心词，并将课程重新进行分类，进而形成立体课程。这种立体课程结构的建立，让我们尽可能地为学生提供选择课堂和课程的机会。

课堂的选择：尝试着打破校园内教育、教学的界限，充分相信学生，解放教师，强调管理和教学的双重跨界，发挥学生的自主能力，最大限度地优化学校教学资源，增加学生学习的选择性。

课程的选择：突破传统思维方式和行为方式的界限，以课程整合为策略，跨越空间和时间维度，搭建跨学科的学习平台，同样打通了学科之间的界限。

2. 以质量为中心的制度建设

课程实施方式的变化必然导致教育管理方式的变革，而且这种变革最核心的就是对教育质量保障系统的规划，特别是以教育质量为中心的制度建设。由于学生的"流动性"增强了，因此各种管理工作的时效性更应该被遵守。

制度的建立
课程实施方式的变化必然导致教育管理方式的变革，而且这种变革最核心的就是对教育质量保障系统的规划，特别是以教育质量为中心的制度建设。

制度和活动的序列化实施
由于学生的"流动性"增强了，因此各种管理工作的时效性更应该被遵守。

（1）建立配套的保障制度：以教学质量为中心的制度，学生发展分析制度，教师队伍发展分析制度，学校发展分析制度等。

（2）加强常规质量环节的控制：学校各项活动与各种保障调查分析的序列化实施。

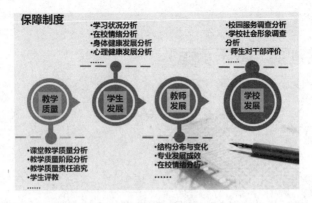

保障制度
- 学习状况分析
- 在校情绪分析
- 身体健康发展分析
- 心理健康发展分析
……

- 校园服务调查分析
- 学校社会形象调查分析
- 师生对干部评价

教学质量　学生发展　教师发展　学校发展

- 课堂教学质量分析
- 教学质量阶段分析
- 教学质量责任追究
- 学生评教
……

- 结构分布与变化
- 专业发展成效
- 在校情绪分析
……

3. 基于"全人教育"的育人氛围的营造

培养学生高尚的道德情操和健康的审美情趣，形成正确的价值观和积极的人生态度是教学的重要内容，重视学生的情感体验，注重熏陶感染和潜移默化。实现课堂主渠道育人，把握道德认知的形成过程、道德情感的升华过程、道德实践的落实过程和人的社会化过程，从而最大化地丰富德育的有效形式，做到立德树人。

"全人教育"中，育人氛围的营造是一个重要环节。在陈经纶中学，育人的标准是氛围，师生的共识是氛围，活动的保障也是氛围。而在这样一个大的育人氛围里要着重突出学生在"全人教育"过程中的主体地位，通过明确学生责任和任务，走向自我管理和教育。自管自育的"全人教育"工作体系，不仅让学生们仰起头享受自主发展的空间，而且逐渐形成陈经纶中学特有的四个学生文化：自管自育的主人文化、丰富多彩的活动文化、千姿百态的学习文化、全面发展的成长文化。

为了能达到思想认识上的统一，教学育人过程中的一致，学校建立了新的师德标准，即"学生的认真学习态度来自教师严谨认真的施教行为和规范；学生的学习兴趣来自教师因材施教的教学方式和方法；学生的学科素养和能力来自教师的科学施教能力和水平；学生的学习质量来自教师对教材和大纲的深刻理解和把握"。

（红袖子整理）

管理要"敢于示弱"

作为一校之长，在工作中遇到阻力是难免的。实际上，在任何工作领域中，"阻力"都是司空见惯的，事物的发展过程中必然会伴有阻力。在我看来，最危险的障碍并非有关人员的阻力，而是策划者与决策者的错误认识和缺乏耐心。因此，对待阻力的关键是敢于怀疑自己，要设身处地地为他人着想，这才是寻求建设性地对待阻力的最难克服的一道难关。

对此，我建议管理者要"敢于示弱"。

学会暴露难处和适度"妥协"

在工作过程中通常都会遇到阻力。当阻力来临时，管理者是直面阻力、建设性地对待，还是心烦气躁不予重视……这将会直接影响到工作进程。我认为，在克服阻力的过程中，"敢于示弱"有利于问题的解决：一种是主动沟通，在了解他人想法的同时，也让别人了解你的想法和难处；另一种是适当暴露对自己的怀疑，并适度"妥协"。

在我还是教学处副主任时，就曾经遇到过这么两件事：一件是关于考试科目如何确定的事。年级主任认为，"我对年级负责，考什么科目自然我说了算"；教学主任认为，"我是学校的教学主管，难道还不能做主考什么吗？"另一件事是关于征用实验室用作选修课教室的事。教学主任认为，课程改革是学校的大事，人人都要支持，征用实验室是理所当然的；而实验室认为，实验室是功能教室，有繁重的实验任务，不能因为选修课影响了必修课的正常进行。

当时作为教学处副主任的我，被夹在"主管领导"和"执行层面"之间很是难受……最终，我是这样解决第一件事的：在教学处确定期中考试方案之前，去征求了年级组的意见，并把意见带到教学处，这样一来，年级主任和教学主任的分歧得以解决。第二件事的解决，是我找到相关学科，建议开设"实验类"的校本选修课，将实验室及实验员都纳入到校本选修课之中，解决了管理问题和实验员工作量确定的困难，最终实验室征用成功。

可见，学会暴露难处和适度"妥协"，"敢于示弱"，不失为一种有效的管理方法。

"敢于示弱"是一种"姿态"

在传统的观念里，"示弱"不是一个很正面的词，倒是人们常用"毫不示弱"来形容人的勇敢。然而，一位禅师这样解释河流为什么是弯曲的："河流不走直路而走弯路，最根本的原因就是，走弯路是自然界的一种常态，走直路而是一种非常态，因为河流在前进的过程中，会遇到各种各样的障碍，有些障碍是无法逾越的。所以，它只有取弯路，绕道而行，也正因为走弯路，让它避开了一道道障碍，最终抵达了遥远的大海。"当管理者以弱者的姿态行事，让自己以谦卑的姿态面对，能让被管理者感受到人格上的平等，获得心理上的满足，得到情感上的接纳。

《老子》第六十六章有"江海所以能为百谷王者，以其善下之，故能为百谷王。"意思是：大江大海之所以能够成为千百条川谷河溪的王，因为它善于处在比百谷更低下的位置，百谷都归往流向它，所以才能够成为百谷王。在遇到阻力时，有这样的姿态，管理者才可能心平气和地与受到触动的人士进行交谈，才可能对受到触动的人士的处境以及对他们的个人意见表示关注，才可能创造出必要的相互信任的基础。

从这个角度来说，"敢于示弱"也是管理者的一种修养。就像第一个事例中，与其站在自己的立场不动，不如主动去了解，变"听我的"为预先"听你的"，这样一来，原有的矛盾自然就不存在了。

"敢于示弱"是一种"战术"

《孙子兵法》第一篇有"能而示之不能，用而示之不用"。意思是：明明很能打，却假装不打；明明想打，却假装不想打。前者是装孬，后者是装傻。"以能示不能，以用示不用"的最佳战术就是：强而示之弱，勇而示之怯……目的只有一个：麻痹对手，松懈其心防。一般来说，人在多数情况下都会"同情弱者"。"敢于示弱"，可以把所谓的"心理优势"让给有关人员，减少心理上的"抵触"；"敢于示弱"，也可以让有关人员更多地了解计划和变化，也说明管理者在"设身处地为他人着想"，以赢得心理上的支持。就像第二件事，虽然校本课程的开设是学校的"任务"，但是，毕竟也给实验员增加了工作负担，管理者必须要替他们考虑，主动给他们解决困难，他们也才会给学校解决困难。

我认为，克服阻力的过程中，"适度妥协"、作出一定"让步"还能有效地减少阻力。在实际工作和社会生活中，人们对"妥协"的理解五花八门。有的认为妥协是在力不从心的条件下俯首称臣，即放弃追求目标，甘拜下风；有的将之作为一种策略或权宜之计；更有甚者认为妥协是一种代价或投资，主张只有在某些方面、场合、时间自我委屈，甚至于受辱，才会在另一种方面、场合、时间得以出头甚至造就辉煌。

实际上，"适度妥协"蕴含一种决策艺术、处理问题的思维艺术，它包含以下四个方面：(1) 虚心听取不同的意愿和主张的虚心精神；(2) 认真考虑不同的意愿和主张的理性精神；(3) 在努力说服别人的同时，也准备接纳别人的部分意见，修正自己的意见的宽容精神；(4) 对已经达成的妥协诚实遵守的诚信精神。

（牟成梅）

特 色

在全人教育的理念引领下，陈经纶中学高中部用课程意识重新审视与学生成长相关的一切资源。换句话说，就是把一切有利于学生成长的资源都当作课程资源来开发和使用，更好地服务于学生的成长。因而陈经纶中学重视学生的成长需求，根据学生成长的需要来设计课程。

"人生远足"社会实践课程

"人生远足"社会实践课程，即"人生远足"体验教育模式，是学校为学生构建的参与社会实践的平台。学校通过对春游秋游、教学实践、参观访问、外出旅游等社会实践活动的整合，研究和探索综合社会实践课的实施途径和方法，整体设计和充分挖掘各种社会资源的教育功能，帮助学生认识社会、体验人生。该模式既是一种德育工作模式，也是一门校本课程，体现教育教学的整合性和社会实践课的综合性。

人生远足课程包括市内课程、省外课程、国外课程三个部分，并记入综合素质评价的学分考核。具体做法是，学校根据季节特点、学生的需求和课程设计的需要，利用双休日和节假日组织学生走出学校，走进社会，读万卷书，行万里路。通过"人生远足"活动，使学生"与名人对话"、"与历史握手"、"与大自然亲密接触"；在活动中丰富知识，开阔眼界，体验情感，发展友谊，提升人格。

"一五一"俱乐部课程

所谓"一五一"俱乐部课程，就是指围绕"一"个核心（全人教育），搭建"五"个平台（科技创新课程、竞赛课程、艺术素养课程、社团活动课程、优生培养课程），实现"一"个目标（全面发展）。通过"一五一"俱乐部课程，我们对原有的校本选修课、社团活动和各种竞赛辅导重新进行了梳理和设计，打造了更有实效和特色的课程体系，实现了校本课程重构；并将校本课程的关注点聚焦到丰富区域内优秀学生的内涵和素养上来，丰富了校本课程的内涵，突显了校本课程"个性化订制"的特点。

"经纶科技人才"课程

与其他的课程不同，这是陈经纶中学针对有"科技特长"和有"科技创新精神"的学生而订制的"套餐式"课程。这个"套餐课程"有陈经纶中学和中科院相关院所合作开发的课程，采取"双目标、双轨制、双基地、双轨制、双导师"的模式来进行培养。选修"经纶科技人才"课程的学生，除了要完成国家课程以外，还需要在学科导师和科研导师的指导下，在学校和中科院实验室完成自己的"科研选题"，实现了学生"在科学家身边成长"的需求和愿望，是陈经纶中学在实现课程"选择性"的进程中的一个里程碑。

（红袖子整理）

2. "设计"出的教学发展之路

　　他从北京市东直门中学到北京市陈经纶中学，历任教学副主任、年级主任、教学主任、教学副校长等职；在多年的教学管理中，他有六个主张——主张教学的规范性，主张德育的实效性，主张学生的自主学习和自我管理，主张课程的系统构建，主张教师百花齐放，主张干部团结、干群团结、和谐工作。他曾获得"东城区优秀青年教师"、"东城区骨干教师"、"朝阳区优秀教学管理干部"等荣誉；他的论文《普通中学数字化进程中教育教学管理方式创新的研究》获北京市教育教学研究成果一等奖，另有多篇论文获奖或发表。他就是北京市陈经纶中学高中教学副校长司文威。

印 象

实在　钻研　高效

陈经纶中学的校训是"老实、宜强、勤奋、创新"，用这四个词来形容司文威也是很贴切的。作为高中部的教学副校长，他用他的实际行动在诠释着经纶文化。

他刚到经纶时，还是一个阳光灿烂的小伙子，甚至保安经常把他当成不穿校服的学生。谁也不曾想到，就是这样一个年轻人，几年之后竟担起了分管教学工作的重任。

他是怎么做到的？他身上透射出的三个品质或许能为他做一个注释。

实在。司文威是个没有架子的干部。他不会刻意凸显自己的身份，他的办公桌挤在教学处的一个角落里，除了开会、讲话站在或坐在前面，几乎看不出他是这所学校的副校长。

学校办公搬家具的时候，你可能看见一个中年"小伙子"在汗流浃背帮着搬，那个就是他。学生领教材的时候，你也会看到他一边帮着递送，一边协助组织。

他常说，"我是学校里一个教育工作者，学校里随手能做的事我们都应该随手做。""教育是大家合作的事业，是做人的工作，想着每一个人，尊重每一个人，我们的工作才能做好。"

钻研。也许是他管过教科研的原因，他很爱钻研，钻研国家政策、钻研教育理念，然后把他的研究和思考解释给老师们。他说："我的工作就是把国家的教育政策、课程改革的思想和校长的办学理念转化为老师和学生们的共同行动。"

自从他担任学校的教学主管以来，从制度到思想，从理论到实践，从教学到课程，推动了一系列卓有实效的改革。最近，他对老师的一次重要辅导《国家课程校本开发是课程建设中教研组学科建设的重要任务》，展示了他十几年对教育改革的研究。他系统地梳理了国家政策，提炼出政策的要点及其之间的相互联系，又结合实际谈了学校教学发展和改革的突破点，令人对改革耳目一新。

学校的信息化建设，也是他研究的重要领域，为此他还专门做了学校信息化建设的文献综述，也带着老师和技术人员去设计了一系列在学校中好用的软件。

高效。他不喜欢复杂，做每件事都要讲求效率。比如，开会的时候，他会一上来宣布会议的内容和时间，每一个环节都被精心设计过，按照预定的时间准确地进行。

他自己的讲话更是精准，讲的内容没有废话，大家都会认真听。"讲话没人听就是浪费时间，不如去做该做的事，开会是这样，上课更是这样。"他说，"大话谁都会说，把那些大家都知道对的事扎扎实实做对了就好。"

（郑红艳）

司文威，"设计"教学发展之路

"你的做法不系统，没人信你，你也不会坚持到最后！"——这是司文威对教学管理和教学改革的信条。在他的心里，似乎已经为他所在的北京市陈经纶中学的教学发展，勾画出了一整套蓝图。

教研组学科建设在挑战中启航

2011 年 8 月，《陈经纶中学首都名校建设规划与行动方案（2011—2016）》的发布，标志着"首都名校"工程启航。

这一年，司文威 36 岁，刚任陈经纶中学校长助理一年，正是意气风发干事业的好时光。

"建设首都名校必须做到位的重点工作之一就是提高标准加强教研组学科建设。"校长张德庆对司文威等教学工作管理者立下战书。

教学工作目标要"三落实一打造"。

三落实：（1）落实特色化的校本课程和有效教学研究；（2）落实以教研组学科建设为教师专业发展平台的工作机制；（3）落实以减负、提质、增效和能力培养为工作目标的教学管理和创新。

打造：全力打造经纶"三施教文化"（科学施教、因材施教、快乐施教）。

接下战书的司文威开始思考：突破口在哪里？

张德庆校长坚定地指出了工作方向：提高标准，加强教研组学科建设！这个任务怎么落实，怎么和学校的教学任务目标有效地结合在一起？司文威带着教学干部们、教研组长们认真地做了规划和思考。2012 年 8 月，陈经纶中学出台"关于制定教研组学科建设行动计划的规定"，这一规定为教研组学科建设规划了路线图，也由此拉开了教研组学科建设和学科课程建设的序幕。

"推进教研组学科建设，是一项很艰巨的工程，当时也受到很多抱有旧思想不愿改革的教师的质疑。"司文威回忆当时的情景说。

　　怎么办？"除了加强宣传引导，关键在于有计划地稳步推进！"这时，司文威的"教学改革系统行动方案"得到了校方的认可。

五步走，做实教研组建设

　　教研组学科建设、学科课程建设、课堂核心概念构建、框架式备课、学科德育渗透、创新性学科作业、学科资源库建设、课程化研学、有效教学互动……在"系统论"思考下，集大家之智慧，司文威率领学校教学管理团队向学校提出并推行了一系列改革举措：

　　第一步，以教研组学科建设框架搭建为中心，全面梳理教研组工作。

　　为了促进学科建设向系统化和深层次发展，由教学处来主导，学校要求各教研组按照框架式备课、教学资源库建设、学科活动系列化、校本课程序列化、"一人一课"五个主要模块结构进行教研组学科建设任务的搭建。

　　第二步，以创新性作业、ESL课程改革、科技人才班课程改革为重点，突破教学实践中的重点问题。

　　"创新性作业是对传统作业形式的改革和补充，要立足学生全面而有个性地发展，体现学科学习本质，将学习与实践紧密结合、学以致用。"司文威介绍，推进的过程令人欣慰，在达成共识的基础上，各学科教师开始重新思考作业形式，学生转变学的方式，师生通过作业实现了新形式的互动和对话。

　　英语学科从课堂形式到作业，从学科教材到考试评价进行了系统的ESL课程配套改革，让英语课回归语言学习的本质。改革三年后，成果非常显著。在2015年高考中，陈经纶中学的学生取得了北京市英语单科第一名的好成绩。

　　第三步，以数字化校园为平台，转变教师教和学生学的方式；第四步，回顾学科框架，寻找发展主线；第五步，以适应未来高考和人才选拔的课程建设为落脚点……

　　从2011年到2014年，经过四年的探索，陈经纶中学的教研组学科建设呈现百花灿烂的状态，这时，教学领导班子又带着老师们开始思考：学科的核心价值究竟是什么？重新定位后，学校将目标锁定在学科课程建设。

2014 年，教育部提出"全面深化课程改革，落实立德树人"，北京市下发了强力推进基础教育部分学科教学改进意见，基础教育改革的步伐越来越大。

此时，司文威已成长为高中部主管教学的副校长。面对国家教育政策的改革，他很兴奋，"在陈经纶中学教研组学科建设基本成形的时候，新政策如好雨知时节一般，带给了陈经纶中学新的教学改革契机和新的信心，我们有意识地做好了准备，来迎接这场改革春雨的洗礼。"

注重培养学生的独立性和自主性，促进学生在教师指导下主动地、富有个性地学习；与学生积极互动、共同发展，处理好传授知识与培养能力的关系；引导学生质疑、调查、探究，在实践中学习；尊重学生的人格，关注个体差异，满足不同学生的学习需要；创设能引导学生主动参与的教育情境，激发学生的学习积极性；培养学生掌握和应用知识的态度和能力，强调学以致用的学习意识；充分发挥信息技术的优势，改革教学内容的呈现方式、学生的学习方式、教师的教学方式和师生互动方式；课堂教学过程必须是优秀的教学设计和教师专业素养、组织能力的完美结合——面对未来的发展，司文威和陈经纶教育集团的领航者一起，为改革中的经纶课堂设定了这样的期待。

教学管理的核心是人

以人为核心，是司文威开展教学改革和管理的根。他强调：教研组学科建设的核心是人，教研组学科建设工作必须呈现"人人参与，人人提升"的态势。

"教学管理是干部组织教师施教，教师教学是教师组织学生学习，这两者有相通之处。"每当司文威在教学管理工作中遇到困难时，他就会尝试从管理心理学中寻找一些理论来解释困惑。

加拿大的 R.J.House 创立的"道路－目标理论"认为，领导者的行为只有在帮助部属实现他们的目标时才会被接收。所以，在司文威看来，教师的行为只有在帮助学生实现他们的目标时才会被接受。由此衍生推论，在某些情况下，学生要求或者需要教师指导并设定目标，但在另外一些时候，学生已经知道做什么了，因此不需要再额外创设目标情境，他们需要的是情感支持。这就是为什么在实际教学中我们在很多情况下剥夺了学生自主思考的原因。

基于对理论的学习和思考，司文威经常进行反省：我们做干部，是不是真正把走入教师中间、走入学生中间，走进教研组、走进备课组作为一种工作的常规，认真了解老师们和学生们的想法和需求？是否能跟校长一起，站在首都名校建设的平台上从学生发展的角度定位各项工作？是否避免眼光短、眼界窄，只盯着自己的部门干活，能从全校整体发展的角度，去辅助校长分析学校的问题，解决学校的问题？

"作为管理者，我们要知道什么时候进入，什么时候退出来，最终的目标是发动每一个人，成就每一个人，从而成就我们的事业。"这种自省和反思，对司文威自身的发展和学校的发展都十分有利，他从主管陈经纶中学教学工作以来，陈经纶中学的高考成绩逐年提高，一本率由 2010 年 70% 左右提升到 2015 年的 97%，从 2013 年到 2015 年三年间，陈经纶中学收获了四个朝阳区高考状元，一个北京市高考第二名，英语学科获北京市单科第一名的成绩。

一位记者走进陈经纶中学采访后得出这样一个结论：陈经纶中学的很多教学工作，早已被司文威"设计"好了，这些改革正在水到渠成地构成一个完整的系统。

（红袖子）

从三级课程管理体系到"全人教育"课程管理体系

2011年，陈经纶中学圆满结束了九年三段示范校建设历程，并开始向着"首都名校"的新目标扬帆远航。为落实《国家中长期教育改革和发展规划纲要(2010—2020)》《北京市中长期教育改革和发展规划纲要（2010—2020)》《朝阳区关于实施中学生能力培养工程的意见》等文件精神，《陈经纶中学首都名校建设规划与行动方案（2011—2016)》明确提出了"用新的课程观践行素质教育"，即"根据学生实际发展的需求，陈经纶中学将教改的重心转移到课程的设置上，着力构建起具有经纶特色的课程体系。目前，已建立起以人为本、以校为本的，具有学校特色、充满活力的三级课程管理体系，正在形成面向"全人教育"的首都名校新型课程管理体系。

1. 学校课程建设的指导思想

（1）以国家教育改革任务为出发点，全面落实国家和北京市关于课程改革、招生考试改革、学科教学改革的根本要求，坚持育人为本，遵循教育规律，把学生的健康成长成才作为出发点和落脚点，践行社会主义核心价值观，落实素质教育。

（2）以"全人教育"思想为课程建设总纲领，为"全面地修养、坚定地爱国、快乐地学习、健康地成长"在陈经纶中学的落地生根而搭建经纶新课程体系。以学生为主体，以"全体、全面、全科、全程"为实施过程的要求，在课程活动中，让学生获得全面发展。

（3）以首都名校建设和优质高中建设的任务目标为工作指针和标准，在课程建设工作中坚决落实"三坚持一追求"的办学质量目标、"三落实一打造"的教学工作目标、"三促进一保证"的常态优质目标和"三优先一成就"的教师发展目标。

（4）以教学工作框架的落实为课程建设的策略基础，依托学校已经形成的促进教师专业发展的校本培训模式，框架式备课等教研组建设工作模式，校本课程和活动开设及选课模式，科技人才班等优生培养模式，骨干教师成长及梳理培养提升模式，理性减负及有效课堂教材创新改革模式，"人人参与，人人提升"的教科研工作模式，读书、反思、提升教师星级自我发展模式等八个工作模式，用好教研组学科建设的已有成果，科学合理、集约高效地开展课程建设。

2.课程建设的目标、任务

总目标：建设适应国家课程改革和高考改革、面向"全人教育"的首都名校新型课程体系。

具体目标：

（1）将核心价值观融入课程体系，全面进行学科德育渗透，立足培养人格健全、思维活跃、个性鲜明、素质全面的国家未来建设人才。

（2）对教学内容、教学方式、教学组织形式、教学资源开发管理、教学评价等进行综合改革，整合国家课程、校本课程、学科活动、德育实践、社团、俱乐部等教学形式，贴近生活、贴近实践，形成一体管理、个性鲜明、顺应发展、发挥实效的新的学科教学系统。

（3）进行分层教学、走班制、学分制、导师制、长短课时等教学管理制度配套改革。

（4）发挥综合素质评价的实效，注重学以致用，既关注学生学习过程，也关注学生的学习成果。

3.课程结构设计

学校整体和各学科都要开展课程设计，形成以学校课程为核心，以学科课程为具体落实方式，能不断自我完善和更新，发挥主体作用，面向"全体、全面、全科、全程"的"全面育人"课程。

课程建立遵循以下思路：

（1）经纬的课程框架是基于"全人教育"的"全课程"系统；经纬课程的有选择性，是让学生自由呼吸的一个前提。

（2）经纬课程体系的结构特点是多层、多向、多类别、模块化。

（3）经纶课程体系的结构分为育人目标、学科领域、学科科目、各学科校本开发四个层次，实行模块化设计。

（4）各层次课程注重五个维度（学习与实践、思维与思考、科技与创新、社会与责任、艺术与健康）的和谐统一和能力递进关系。在学校已经具备的课程开发和实践条件下，遵照以上维度进行开发。

（5）课程的进一步完善和开发建立在学科自主开发的基础上，积极鼓励各学科按照学校的整体规划进行进一步的学科课程建设，从而完善、细化和落实课程体系。

4.课程建设的要求和策略

（1）研究政策、回归课标。在每一个实施层面，把对国家政策的研究解读放在最前面，充分吃透精神，寻找工作的突破点和解决难点问题的依据。要充分理解以课标为中心的教育改革思路，回归学科、回归课标、回归本质，以知识本体和人的发展为思考的出发点。

（2）发扬民主、多元论证。在每一个操作过程中，充分调动每一位参与教师的主体性和积极性，集思广益、充分讨论。充分调动学科骨干和专家团队，开展任务立项和合作研讨，提高课程建设的质量和学术水平。

（3）反思批判、实事求是。在每一项成果前，充分反思，挖掘不足，从理论、策略、途径、方法以及最后的实施层面进行充分推敲，注重数据，用实证的方法保证课程建设的科学性和实效性。

（4）通过校本教研促进教研组学科建设和教师的专业成长。校本教研是教学研究的主要形式，也是课程建设的主要途径。要积极开展校本教研，丰富学校的课程资源，促进教师的专业发展；要研究国家课程如何校本化和学科校本课程如何形成经纶特色。

（5）通过数字化建设丰富课程资源，完善组织方式和呈现方式。建设具有网络展示、学习、积累和互动功能的教师专业发展平台，促进课程开发团队的建设，促进课程资源在过程中形成，促进新的课程组织方式的产生。建设现代的新型实验教室和创新教室，体现新技术（如 3D 打印、物联网），体现新思维（如互联网 +），激发学生创新思维，提升学生创新能力。

（6）丰富课程合作方式。进一步充分利用北京丰厚的教育资源优势，积极与中科院、社科院、清华大学、中国科学院大学、人民大学、北京师范大学、北京工业大学、IBM、中国电信研究院等科研院所进行科学普及与实验探索合作，延伸并拓宽传统的学科教学，强化学生的科学意识和兴趣，探索了"社科名家进校园"系列活动，摸索建立青少年"在科学家身边成长"的人才培养机制。通过深度合作协议和基地共建的形式为学生提供课程资源，营造课程环境。

（红袖子整理）

全面发展与个性张扬

　　全面与个性似乎是一对矛盾，但是在北京市陈经纶中学，它们和谐地统一在一起，厘清这个看似简单的问题对于现在的教育工作者是非常必要的。

　　陈经纶中学倡导全面发展、素质教育、"全人教育"，倡导"三个个性化"——建设个性化学校、成就个性化教师、培养个性化学生。那么作为一个教学干部，怎么理解这个全面与个性的关系？

　　全面发展与个性发展是不是一个简单"和谐"的问题呢？我认为不是。促进学生的全面发展与个性发展是相互统一的，全面发展是个性发展的前提和基础，全面发展也有利于促进个性的健康发展。

　　首先谈全面发展。全面发展是指培养目标范畴的全面性。

　　1982 年《宪法》规定："国家培养青年、少年、儿童在品德、智力、体质等方面全面发展。"1995 年《教育法》规定："教育必须为社会主义现代化建设服务，必须与生产劳动相结合，培养德、智、体全面发展的社会主义事业的建设者和接班人。"全面发展是指德、智、体等发展的范畴以及这些发展基本范畴的相对系统性和完整性。这不同于学生所学各个学科的全面发展，它们有着层次上的差别。

　　从个体的生存理论来看，个体自然生存必须依赖个体的智力水平、体质的健康水平，以及个体社会生存必须接受的群体规则，即个体生存与发展的最基本的需求就是德、智、体等的全面发展。反之，从群体的生存发展角度看，群体也需要个体具有健康的体质、为群体进行生产贡献的能力，以及遵守群体规则、在群体中和睦相处，这也是对德、智、体等全面发展的要求。

　　然后谈个性。个性是指心理特征的倾向性。

　　个性是由个体的自然遗传因素、所处的环境、所受的教育等因素决定的个体心理活动的倾向性，它的范畴包括气质、性格、兴趣、能力、技能、价值选择等。个性的范畴内的某些方面是有好坏、是非、优劣之分的。比如性格有好有坏，兴趣有好有坏，价值选择有是有非。但同时个性的范畴内的某些方面可以因教育、环境等发生变化，所以就要培养个性健康发展。

培养个性健康发展就是利用个性中的某些方面能够被教育、环境所改变的特征，使这些方面的发展趋利避害；充分发挥个体技能、能力等方面的长处，对性格、兴趣等进行引导，让不利的一面向有利的一面转化。所以，全面发展与个性发展不构成矛盾。

全面发展与个性发展在逻辑上不存在冲突，从语言学角度看也不存在矛盾，全面和片面、共性与个性是矛盾的。从本质上看，发展范畴的完整性和个体的心理特征的倾向性也不存在制约关系。

全面发展和个性健康发展是相互统一的，它们的关系是基础性标准的统一性与发展性标准的差异性的关系。

在学校教育中，要把全面发展和个性健康发展和谐统一，全面发展是前提、基础，它要求学校教育为学生的身心健康发展打好基础，使学生在道德、智力、身体各方面得到发展。学校通过丰富的课程设置，例如科学实践类课程、技术生活类课程、体育艺术专项选修课程、人文地理类课程等发展学生的能力、技能，通过丰富的社团活动培养学生的兴趣爱好。由此分析出发展学生德、智、体的基础课程与促进学生个性健康发展的校本课程、校本活动并不相排斥和矛盾。

现代文明的重要标志就是每个社会成员的正常发展和个性完善。正常发展主要体现在成为一个合格的人；个性完善主要体现在成为一个有特长的人。从人的培养来说，这既是成人，又是成才。成人就是成为一个具有德、智、体等各种素养、能适应社会的合格的人，为社会的和谐和稳定发挥作用的人；成才就是成为一个有特长的人，能发挥自己的特长，能为社会的发展贡献出自己的一份力量的人。

在个体培养过程中，既要注重人的全面发展，也要发展健康个性。应注意做到全面发展和个性发展的教育彼此相互融合，在进行人的全面发展的教育同时，要注意培养个性。只有全面发展教育与个性健康发展教育同时进行，教育才能使人打破束缚，走向全面而自由的发展。

所以，陈经纶中学的教育主张是现代教育中成就"自由人"的教育理念。

（司文威）

特 色

作为一所大校、老校、名校，陈经纶中学在教学中也一定要呈现与时俱进的特色。这种特色不是空穴来风，因为教学讲究的就是实干，这种特色必须围绕学校教学的核心工作，又必须面对时代的特点、人的特点和教学工作中的薄弱点。这些年来，陈经纶中学的教学形成了以人的发展为核心，以课堂教学为落脚点的特色。

框架式备课

实现学校教学目标落实的关键在日常课堂教学，在课堂教学之前，有一个关键的环节，在陈经纶中学它叫"框架式备课"。

源于问题是"框架式备课"的起点。

传统备课形式存在很多弊端，这包括：形式重于内涵；重视知识结构、习题和测试，对学生思维和活动情境创设缺乏设计；项目要求冗多，对口号式的要求缺少具体的解释和标准；一刀切，备得太细，扼杀老师的个性发展；不能有效促进教研组学科建设的全面发展等。由此也导致了一系列的课堂教学问题。

开展"框架式备课"在于实现以下目的：

（1）在合作的教师集体内形成策略、共识，再让教师因人而异地实施个性化的教法，从而促进教师个性化成长。

（2）形成学校学术上的民主氛围，让共性和个性共同发展，相辅相成。

（3）推动教研组学科建设。

（4）丰富教学资源，形成与首都名校相匹配的学科教学"宝典"。

（5）将校本培训推进到离老师教学最近的地方，并且使校本培训也随之"个性化"。

框架式备课的实施是由教学处统一管理并考核落实情况，由教研组长牵头组织并进行系统梳理和成果总结，由备课组长组织具体实施，保证备课质量。

对框架式备课的内容及形式，学校以表格的方式设定，这是针对学科基本概念、课堂基本逻辑、教学基本手段的集体性分析，是为教师个性化备课所作的准备。

通过框架式备课，学校得到的成果是不仅局限于课堂和备课的，主要包括：

（1）各学科框架式备课系统的资料；（2）具有学科特色的高效课堂；（3）多元充实的学科资源库；（4）教研组的国家课程校本开发方案；（5）学生的创新性学习成果。

创新性学科作业

陈经纶中学高中部，处处体现出"以学生为本"的办学理念。对于"减轻学生课业负担"这一难题，学校不只是对作业量进行控制，更重要的是从学生学习的需求，从学生能力提升的角度来设计学科作业，避免学生作业过程中出现不必要的机械地重复。

"创新性学科作业"是学校教研组和学科建设系列工作中的重要一环，是落实"减负提质"和"常态优质"两个教学要求的重要节点。对创新性学科作业的研讨需要各教研组、各位老师对学科教学本身做一次反思，要把回归学科本质、转变学习方式、培养学生能力作为工作的落脚点。

陈经纶中学在教研组学科建设的推动下，学校学科活动活跃了校园学习氛围和学生的学习积极性、主体性，教师和学生在作业的实效和创新中共同进行了探索与实践；通过创新性学科作业的设计，老师们更加深入理解作业的层次与内涵，把新的作业设计理念贯穿全过程并进行整体设计，面向全体学生。

自主设计的假期作业

从 2007 年的新课改开始，陈经纶中学就已经不再为学生订购成本的学科假期作业，转由教师根据学生的实际情况和学科特色自主设计形式创新的假期作业。在总结以前假期作业布置经验的基础上，学校将统一策划和设计学生的假期作业。

我们的假期作业包括"我们实践吧"、"我们健身吧"、"我们读书吧"、"我们思考吧"、"我们研究吧"五大版块，旨在满足学生成长的需要，让学生的灵魂和身体都做一次愉快的旅行！"我们实践吧"的主要内容就是鼓励学生参加家庭劳动，参加社区志愿服务，旨在增强学生对家庭、对社会的责任意识；"我们健身吧"将重点记录学生的体质健康检测数据和心理调节问卷数据；"我们读书吧"主要是通过阅读（中文阅读、英文阅读、学科阅读）和写读书笔记的方式来提高学生的阅读素养，增强学生的文学素养，了解并传播中华传统文化，试着"用自己的手写自己的心"；"我们思考吧"主要是通过学生去设计和操作实验，培养学生的动手能力，学生可以独立完成，也可以小组协作完成；"我们研究吧"是以"研学报告"的形式来加强学生学科间的综合应用，培养学生质疑与研究的能力。

也许以前，教材、课本就是学生的世界；但是，当社会发展到今天，整个世界都是学生的教材。

（红袖子整理）

3. 校园"科体艺" 牛人有牛招

他是"英特尔国际科学与工程大奖赛"全球三位杰出教师奖获得者之一，曾获
"美国教育部 2010 年全球最有价值教师"、"全国十佳优秀科技教师"、"全国优
秀科技教师"等荣誉；他主持过省级科研课题 16 项，主编出版教材 11 本，在
国家核心期刊发表文章 18 篇；他兼职担任中国天文学会普及委员会委员、北
京市青少年科技教育协会理事等职务。他就是北京市陈经纶中学教育集团教科
研与创新副校长刘忠毅，中学特级教师、地理高级教师。

印象

牛人忠毅

尽管来北京才三年，刘忠毅却在京城教育的"科体艺"（科技、体育、艺术）领域有了不小的名气。

名气来自他的睿智、真诚、合作、舍得付出、敢于担当，来自他和陈经纶中学的科技、体育、艺术的共同发展——他带领着学校的"科体艺"教师，在各个领域争先创优，打造北京首都名校建设的名片。

刘忠毅的课生动活泼、潜移默化、引人入胜。对一个难度很大的知识点，学生往往在他形象的描绘中简单地就突破了。如他教地转偏向力的记忆诀窍"南左北右"，学生在欢笑声中就记住了，绝对不会忘。

刘忠毅是个对事业热爱、执着的人，在指导学生开展科技活动方面，他一丝不苟、不断创新，对学生的影响非常大。学生每提出一个选题，他都要和学生一起查阅无数的资料、探究创新点、实践检验，不断地进行探索与尝试，直到整个研究方案比较完善了才停止。这种不断探究、不断创新的精神正是当前我们学生比较欠缺的，刘忠毅通过言传身教，对学生产生了非常大的影响。每一个跟着他开展科技创新活动的学生都在道德品质、科学精神、科学研究方法上取得了长足的进步。

刘忠毅对同事、学生都非常热情，他把同事都当成兄弟姐妹，把学生都当成自己的孩子，在交往中能打成一片，亲密无间，形成了一个科技、体育和艺术工作的强大团队。

如果用一句话评价刘忠毅，那最恰当的是：这是一个执着、合作、创新、卓越的教师。

（刘　宏）

忠毅上任记

　　凭着"英特尔国际科学与工程大奖赛"全球三位优秀教师之一、全国十佳优秀科技教师、全国优秀科技教师等出色的资历，刘忠毅三年前从广东来到北京，接手北京市陈经纶中学的教育创新与教科研管理工作。刚一上任，刘忠毅就感觉到了肩上的重任：老师辛苦、家长期望值高、学校升学压力大，老师们的教学任务繁重，除了上课、备课、批改作业，几乎没有时间做研究、写文章。但一个优秀教师的成长，又怎能缺少对教育的反思与对经验的不断总结呢？

　　刘忠毅就在这样的压力下，走马上任，开始了自己在名校陈经纶中学的教科研工作和"科体艺"管理生涯。

出实招：以科研项目引领教师成长

　　一所优质学校一定要有一个好的校长，而校长背后一定会有一批优秀的教师。

　　"教科研工作就是为学校培养优秀教师，学校的发展依赖于教师的专业能力与创新意识，优秀的教师都是在不断地自我成长中发展起来的。"抱着这样的信念，刘忠毅开始了他进一步发展陈经纶中学教科研工作的行动。

　　深入学科组，与老师们谈心，了解老师的需求……刘忠毅一头扎进学校。"刘校长，我写的文章不成熟，不敢投出去。""刘校长，我的文章投了好几家杂志，人家根本没理我，可能是我写得太差了吧。""刘校长，我也想写文章，可是不知道写哪方面的好啊！"老师们把一个个问题抛过来。

　　经过十几天的走访，刘忠毅有了解决问题的办法。老师们不是没有上进心，也不是不能写，直接影响他们的是缺乏高水平的指导。于是，刘忠毅制定了"内育精兵，外借强援"的教科研发展战略。

　　在校内，他发挥自身学术研究优势，牵头成立了"经纶教科研专家组"，依托丁益祥、冯淑娟等十一位特级教师的研究力量，组成陈经纶核心研究团队；然后再让每位特级教师发挥作用，在每个学科内选拔几位有研究能力的教师组成学科研究团队，培养一批骨干；再通过骨干的成长，最后影响到每位教师，实现校内教师研究能力的提升。

为了借助外部力量促进教师发展，他积极主动地探索学校与研究机构的合作共赢模式。借助朝阳教委名师工程，与《中国教师报》合作，积极打造"全国知名特级教师发展基地"，充分利用国内外知名教师引领学校教师学科专业发展；与《中学教学参考》进行战略合作，推动以特级教师为引领的陈经纶名师工程项目的开展；与《北京教育》进行战略合作，搭建北京教育研讨高端平台，推动"教师走近北京名师"系列活动。三个平台，为教师开展科研、进行课改、发表论文创造了条件。

2015 年 5 月，在《中国教师报》的协助下，在陈经纶中学帝景分校召开了"九年一贯制教学创新研讨"，全国 1000 多名教师参会，起到了极好的宣传与引领效果，帝景教师不仅上课、评课，更是在八位特级教师的引领下，教学水平有了大幅提升。

搭平台：创新实验室促学生发展

刘忠毅善于挖掘教育资源，创造教育条件。

北京的学校相对都比较小，场地拥挤，学生缺少充分的发展空间。为了解决这一问题，在校长张德庆的支持和协调下，刘忠毅精心设计，在西综合楼五楼楼顶建起了一个开放式的科学平台，平台有 800 平方米，5 间实验室，一个大的开放式空间，可以满足 200 名学生同时活动。

平台建立后，经费又成了问题，没有经费支持，平台根本没办法运营啊！他马上成立了一个科技平台管理小组，负责科技平台的日常管理、课程开发和经费申请，积极申请北京市、朝阳区项目与资金。全体老师齐心协力，平台的建设受到了专家的一致好评。平台功能完善，课程体系完备，先后被评为北京市重点实验室、北京市科普基地、朝阳区开放式科技平台，先后获得 300 多万元的资金支持。平台美观漂亮，科技韵味足，成为学生放学后、周六日流连忘返的好去处。

平台上的课程非常吸引学生，动手做乐器、以色列脑思维、机器人、天文探究、动物标本制作、野外科考、无线电通信等一系列课程，先后吸引了 2000 多名学生在平台开展活动。

机会不是等来的，是靠管理者灵敏的嗅觉与独到的眼光发现的，是通过积极的争取与恰当的把握获得的。

在科技创新领域摸爬滚打多年，经常听到老师们抱怨：学校没经费，家长不支持，科技活动没法做。于是，一到陈经纶中学，刘忠毅就说服张校长设立"科体艺"发展基金，用基金来支撑"科体艺"工作发展。每年创新大赛准备开始时，学生可以自己报项目，然后举行项目专家论证会，学生向专家介绍自己的研究设想，通过评定，给予优秀的项目至少一半以上的科研经费支持，这在全国都是很少见的，但校长张德庆强调："教育是为孩子们提供机会，教育经费花在孩子身上才是花对了地方。"对于学生外出参赛，学校更是支持，一般报名费都由学校直接支付，既减轻了学生家庭的负担，又对学生产生鼓舞，起到的效果往往超出任何说教。家长一看到学校这样支持学生发展，立刻就有了劲头，主动成立家长志愿者委员会，主动参与，给学生创新工作提供指导与协助，学校有了良好的创新管理制度与途径，创新成果不断涌现。

有梦想：与经纶素质教育一起飞

刘忠毅深知"科体艺"工作的重要性，这项工作不仅是素质教育的核心，而且"科体艺"技能将伴随着学生终生的发展。那么如何才能将学生的素质教育落到实处，使教师乐教、学生乐学呢？

刘忠毅进行了一系列的改进。

他重新改进对"科体艺"教师的定位。他经常讲的一句话是："教师不仅要能教好课，还要能指导学生个性化地发展，'科体艺'教师必须是多技能的教师。"为了促进教师在个性化育人方面的成长，学校确立了以项目引领的教师成长的计划，即每个教师都应该结合自己的特长，针对学生的个性特点，引领一个学生项目发展。每位体育老师都要带一个特色运动项目，每位艺术教师都要能指导一个艺术团，每位科技教师都要能指导一个相关的科技项目。有了项目引领后，教师突然发现自己的生活充满了乐趣，有了自己的"亲兵"；而学生则找到了归属感，在学校有了主心骨。在项目引领下的教师成长非常迅速，很多老师 2 ～ 3 年就成为了这个项目的精英，指导学生得心应手；学生在各类活动中不断取得成绩，教师也不断获得荣誉，实现了教师与学生的双成长。

教师的成绩最终通过学生的成长展示出来。为此，刘忠毅秉持陈经纶中学的学生培养目标："让每个学生带着健康的王冠，睁着理性的双眼，挺起自信的胸膛，装上知识的马达，扬起理想的风帆，插上科技和艺术的翅膀，翱翔出陈经纶中学，成为国家的英才和栋梁。"力求将陈经纶中学"全面发展素质教育"的理念贯彻到学校的科技、体育、艺术教育工作中。

在北京市教委翱翔计划项目学校中，作为引领者的刘忠毅带领相关领域内的 14 所学校结成了翱翔计划课程开发团队，开发出一系列在 14 所学校使用的选修教材。在学校开展学生科技创新教育活动中、在普及—提高—精英发展的教育实施中，一大批学生脱颖而出，每年有近 30 个项目能进入北京市青少年科技创新大赛决赛阶段，近 10 个项目进入展评阶段，成绩与数量均进入北京市前五名，学校创新教育的快速发展受到了中国科协、北京市科协的关注，学生也成为北京科技教育名校。学生的创新项目登上了国际舞台，赵隆佩同学的《狮子座流星雨为何未能如期而至》、吕帆同学的《近红外光谱法快速测定西瓜果糖、葡萄糖和蔗糖含量的研究》获得了"英特尔国际科学与工程大奖赛"专项奖，孙金钊、吕帆同学分别夺得了 2013、2014 年全国"明天小小科学家"竞赛三等奖。学校首次获得北京市科委科技计划项目立项，"北京市陈经纶数字科技馆"、"北京市陈经纶科技教育教材开发"获得北京市科委 40 万元的立项支持。

学校的体育工作近年来也不断取得新突破，2003 年学校就开始探索每天一节体育课，开全国体育改革之先河。2012 年再次提出开展处方式体育教育的新思路，与北京市第一中西医结合医院合作，开展处方式体育研究，探索科学有效的体育教学模式。在多年体育课改的保证下，学生身体素质优异，多次取得朝阳区学生身体素质测评第一名的好成绩。学校在重视学生总体身体素质的情况下，也重视优生引领的体育运动队建设，学校初、高中篮球赛多次夺得朝阳区四个项目的三个第一；健美操连续多年夺得北京市健美操比赛初、高中第一名；田径项目也多次获得朝阳区团体总分第一，并有多名优秀运动员夺得北京市田径比赛金牌；棒球队夺得全国第八名，高尔夫球队夺得北京市第一名，冰球队夺得北京市第三名，珍珠球队夺得北京市第二名等好成绩。

学校的艺术教育尝试探索实践教学之新路。根据学生们的兴趣和爱好，学校组建了合唱团、美术团、舞蹈团、话剧团等多个艺术团队，普及艺术素养，发展学生特长。合唱团的学生走进贵州、云南艺术采风，深入体验民族艺术，演唱水平与技巧有很大提升，连续多年夺得北京市金帆合唱团展演金奖，2013 年更是夺得第四届全国中小学生艺术展演金奖，受到教育部领导高度评价："这是一支没有艺术特长生的合唱团，是实施素质教育的典范。"美术教育每年都组织学生走进四川、云南、北京郊区等地写生，学生的美术素养不断提升，也多次获得全国中小学生书画展演特等奖、金奖。

在经纶师生斐然的成绩面前，上任三年的刘忠毅不仅信心十足，更是干劲十足。

（胡　砚）

对 话

怎样抓好校园"科体艺"

红袖子：当今时代，素质教育已经成为教育发展的必然，您认为在素质教育的大背景下，学校应该怎样开展好"科体艺"教育工作？

刘忠毅：首先是学校管理者及教师要认清"科体艺"工作的重要性。"科体艺"工作并非高考学科，因此常被称作"小学科"，教学不受重视，教师没地位。但随着中小学教育为高校选拔人才服务的功能的逐渐下降，培养有理想、有文化、有道德、有纪律的高素质人才的需要，"科体艺"工作已经成为学校办出特色、培养高素质人才的重要一环。因此，学校的管理者及教师首先要清楚这一变化，并能够重视"科体艺"工作。

其次，要鼓励学生参与"科体艺"工作。要在校内营造素质教育的氛围，对于"科体艺"方面突出的学生要积极地宣传与表彰，形成榜样的力量。同时，教师要在课堂教学中渗透"科体艺"的内容，要培养学生良好的生活习惯、学习习惯以及多样的兴趣。

再次，要营造良好的社会氛围。家庭教育对学生的影响非常大，要积极开展好"科体艺"工作，一定要取得家长的支持。要组建家长志愿者委员会，要引导家长与孩子一起参与到"科体艺"活动中来，这样才能保证学生有充足的时间和精力参与"科体艺"活动。

红袖子：您认为学校应该怎样定位"科体艺"工作？开展"科体艺"工作对学生有何意义？

刘忠毅：教育是要为孩子的一生服务，我们经常讲教育是要实现学生终生可持续发展，要使学生养成一生都受用的技能与方法。但目前的很多学科知识，更多考虑的是应试的目的，为了选拔人才方便。学科大而全，学科内容强调系统性、思维性，却忽略了学生学习兴趣与爱好的一面。学生负担重，兴趣丧失，教育成了社会的负担。科技、体育、艺术则不然，这些技能、兴趣都将伴随着人的一生，如果一个人有体育、科技、艺术中的一项技能，他就会有自己的兴趣爱好，有排解烦恼忧愁的办法，这些兴趣爱好也将成为支撑他生活的一部分。所以，"科体艺"工作才是真正需要我们耐心细致做好的重要工作。

一个学校重视"科体艺"工作，说明这所学校确实是关注到了学生终身教育这一主题，不唯功、不唯利、但求实。当然，"科体艺"工作不可能成为学校的主体，学生在学好语数英理化生等学科的基础上，能够挤出空闲时间持续投入到某一特长爱好中去，从而发展自己的兴趣与爱好，取得一定的成绩，这才是恰当的处置。而学生的这些选择都依赖于管理者的教育意识，学校的管理者要关注，要对学生发展特长爱好给予表扬奖励，才会使学生形成发展特长的动力。

开展好"科体艺"活动对学生有重要的影响。一个人学到的知识不可能伴随终生，因为人是不断地成长，不断地学习，但"科体艺"技能从小学会以后，将会伴随孩子一生的成长。如果一个学生有"科体艺"技能，他在生活中就不会枯燥，遇到困难就会有舒缓的办法，这样的孩子健康成长的几率就高。同时，在学习中，有"科体艺"技能的学生往往拥有较多的自信，有较多的成功感与自豪感，这可以激发他们的学习兴趣，提高他们做事的专注度，有利于学生的成长。

红袖子：看来，很多学校都已经意识到"科体艺"工作的重要性，但如何才能抓好"科体艺"工作呢？您所在的学校有什么目标？

刘忠毅：抓好"科体艺"工作要从基础开始、从普及开始，从普及到提高是个自然演化的过程。学校提出没有特长生的特长教育，让每个孩子都有成为特长生的可能。学生进学校后，教给学生基本的技能和方法，让学生根据自己兴趣选择做什么和怎样做，通过社团活动和选修课进行分化，进而完成特长生的筛选。学校没招一名合唱特长生，但经过一年多的训练，每个孩子都能够唱合唱，一大批喜欢唱歌的孩子加入合唱团，最后成为合唱团的中坚力量，这才是合唱教育该走的路径。我们能够参加全国中小学生合唱汇演，教委领导看中的也是这一点，因此，教育部专家给我校合唱团高度评价："这是一支没有艺术特长生的合唱团，是实施素质教育的典范。"

"科体艺"工作重要的是抓好每次训练的质量。陈经纶中学很早就提出"一天一小时开展阳光体育"的概念，也取得了很好的效果。但如果阳光体育就是学生一天一小时在操场玩球，而老师在树荫下休息，到点吹哨下课，那一天给十小时也不能达标，甚至会运动出身体畸形，造成身体损害，反而不健康。

"科体艺"工作还要有完善的奖励和表扬机制。教师指导学生训练和比赛时要付出很多时间和精力，如果不能得到承认和表彰，这种工作激情就会慢慢消退，因此，优秀的学校一定会有健全的奖励和表扬机制。陈经纶中学很重视这方面的工作，不断地进行改进，以保证师生热爱"科体艺"工作。

学校在"科体艺"工作方面投入很大，我就是张校长从广东引进过来专门负责"科体艺"工作的。对于"科体艺"工作，我们确立以下目标，从而追求"科体艺"工作的高品位和高档次。

第一，三大类活动一定要形成陈经纶中学的校本课程，向课程化挺进。校本课程是教学的依据，也是教师固化研究成果、提升能力的重要环节。

第二，向运动的成绩和结果靠近。只有兴趣活动，拿不到奖项，得不到名次，就是没有结果。运动成绩和普及率百分比的结合，才是最好的推动。每位老师都要琢磨自己的工作，既要实现普及工作，也要在普及的基础上研究提高和获得优异的成绩，否则，项目和老师是会遭社会淘汰的。

第三，要为学生的终生发展服务。如果我们的"科体艺"工作只是玩玩，那就失去价值了，最基本的是要让孩子在学习"科体艺"活动中受益，比如获奖后可以参加大学自主招生，能够成为孩子入学的敲门砖。合唱团的王帅老师为什么人缘好，博得学生、家长和班主任的认可？就因为学生跟他学合唱，不仅唱了，还获了奖，得到了特长生高考加分，考入理想的大学，助推了学生高考的录取。更关键的是，跟他学合唱的原本一个特长生没有，上高中后居然成为兴趣，双休日主动往学校跑，还登上了国家大剧院舞台，家长和学生一生难忘，反过来感恩学校和老师。这才是好教育，好教育就是在孩子成长的历程中留下痕迹的教育。

红袖子：听说您所在的陈经纶中学体育很有特色，总是在学生身体素质测评中居于第一二名，请您介绍一下情况。

刘忠毅：陈经纶的学生身体素质好已经得到社会的普遍认可，这与我们一直以来进行的体育教育探索密不可分。学校张校长非常有眼光，在 2003 年就提出了"每天一节体育课"，让每个孩子每天都能在学校得到锻炼。我们这个"每天一节体育课"可不是口号，而是扎扎实实地落实到课表中去，落实到每位体育教师的课程任务中去。在每周三节体育课之外，另外没有体育课的两天，放学后我们安排两节体活课。体活课不可以上成放羊课，仍然是在体育教师有计划的教学之内。

在每天一节体育课有保障的基础上，我们又推出了菜单式体育教学，根据每个学生的兴趣爱好，根据每位体育教师的特长，我们推出了篮球、足球、乒乓球、羽毛球、自行车、游泳、手球、跆拳道、田径等多项学生喜欢的运动，让每位学生根据兴趣选择。菜单式体育满足了学生的兴趣与爱好，促进了学生体质的健康发展。

2012 年我们又对菜单式体育教学进行延伸，开展处方式体育，在尊重学生兴趣爱好的基础上，引进医疗、运动等科技部门，对每位学生进行量化的体检，根据监测数据，为每位学生开出适合其运动的处方。

可以说，这些体育措施的推出，是完全基于学生发展的需求，真正落实了健康第一的教育理念，学生的体质自然就好了。

红袖子：作为分管"科体艺"工作的校长，面对"科体艺"教师多数都是兼职的状况，您是怎样调动这些老师的热情与积极性的?

刘忠毅：这是整个教育界都存在的问题。严格来讲，"科体艺"没有专职的队伍，体育老师和体育活动联系最密切，但严格从工作职责讲也不是专职队伍，只是参加课堂体育教学之外指导专项的体育活动。参与"科体艺"工作的老师，都是在完成本职教学工作和任务的前提下，贴近自己的学科，打破原有授课班级，站在学校平台和起点上，组织一批有兴趣的同学，开展专业的活动，是课堂之外教育的延伸和开发。

首先，我们把老师"科体艺"工作列入教师的年终考核。在整个教师的年度考核中，"科体艺"工作占有非常重要的一部分，是考评每位老师的依据。如果没参加"科体艺"工作，他就没有这一项，很可能就会影响到他的评优和评先。

其次，我们加大对"科体艺"工作的奖励，除了奖状等精神奖励，还有比较高的物质奖励。如果老师能指导学生拿到国际重要奖项，就可以获得 5000 元的奖励，这对老师是个很大的激励，有的老师最高一次拿到 24000 元。学校每年都有一笔固定资金用于"科体艺"教师专项奖励。

第三，对于"科体艺"教师，如果确实带学生取得优异成绩的，我们会在评优、评先上给予优先考虑。当然，这些激励措施只能治标，不能治本。学校最根本的是靠提高教师的整体素质、职业精神，依靠教师的责任心、爱心来保证学校的持续有效发展。

（红袖子　刘忠毅）

陈经纶中学教科研与创新管理理念

陈经纶中学办学集团化，一校 12 址办公，形成了独特的管理体系。在集团校长负责制下，集团有专职的副校长分管教育科研与创新工作，总体指导各个分校的教科研与创新工作。每个分校又都对应设立相关的教科研与创新部门，有专职副主任负责教科研与创新工作，形成立体交叉管理。

经纶教科研与创新管理强调的是目标导向、职能分解、共同发展的三段式管理，如图所示：

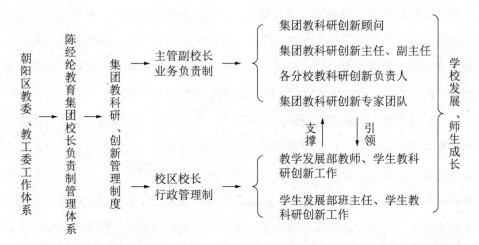

在管理过程中，陈经纶中学对科技、体育及艺术工作有明确、清晰的管理要求：

（1）落实"科体艺"常规教学工作，提高"科体艺"教学有效性研究，每个学科都要争创市级、区级优秀学科，每位教师都要争上优质课。

（2）积极开展科学普及工作，每位学生都能参加一项科技活动，拥有一项科技本领；充分利用好科技平台，每周开展一次以班级为单位的科技班会。继续推进数学翱翔基地建设，培养数学拔尖创新人才；数学学科要能够成为北京市学科发展的引领，每年能够涌现出数学领域的优秀项目、优秀学生，为优秀生的发展助力；以创新大赛、机器人大赛为突破口，提升科技教育水平，在保证北京市青少年科技创新大赛、机器人大赛获奖的基础上，争取有两个项目能够入围全国赛，并有优秀项目能够进入国际科技竞赛并获奖；保证无线电通信的全国领先水平，争取每年有两项以上金奖；学科竞赛走出北京、冲向全国，以物理、天文、生物、数学等学科为突破口，争取三年内能有项目进入全国一等奖；积极推动科技人才班建设，课程有计划、教学有效率、研究有方法，每位学生都能参与并完成自己的科学研究；推动"丘成桐科学奖"、"明天小小科学家"等奖励的准备工作，争取每年能有项目及学生入围并获奖；积极开展国际合作，争取每年有学生参加国际竞赛及国际科研交流活动。

（3）艺术学科以合唱和美术设计、舞蹈作为发展重心，普及艺术修养，学校每位学生都能掌握至少一项艺术特长；积极组织学生参加国内外各种艺术活动，争取有项目每年能够获得国家级奖励，为学生提供锻炼的机会；重视艺术优等生的培养工作，为艺术优等生参加大学特长生考试提供培训，为国家培养专业化优秀人才；每学期组织两次国内采风，通过实践锻炼学生的能力与品格；每学年组织一次国际采风，开拓学生视野，增长国际教育理念。

（4）加强学生身体素质锻炼，保证每天一小时体育活动时间，学生身体素质测评要保证朝阳区第一，北京市领先；积极开展体育处方式教学的研究，成为全国体育教学的典范，争取三年内召开一次全国体育教学研讨会；三年内争创冰球项目奥林匹克后备人才培养学校，成为北京市冰球重点发展学校，获得招生及人才培养政策，培养优秀冰球运动人才；重点打造篮球、田径、健美操等体育优势项目，积极发展足球、跆拳道、冰球、棒球、高尔夫球等学校特色项目，体育竞赛成绩争取朝阳区第一，力争在北京市取得优异名次；加强体育优等生培养工作，加强与北工大、首师大、北体大等单位合作，把优秀的体育特长生输送到重点高校，为国家培养优秀的体育人才；每年召开至少一个项目全国重点校拉练赛，扩大学校的影响力，给师生更多的锻炼机会和成长空间。

（5）开展好"科体艺"科研工作，推动"科体艺"教师研究能力、科研水平的提升，三年内争取每个学科都有市级科研课题，每个学科区级科研课题不少于三项；开展优秀校本课程建设研究，支持优秀校本研修教材的使用和出版，三年内出版全国通用校本课程六本以上；

（6）加强"科体艺"教师培训工作，每个学科都要涌现出几位市、区级骨干教师，争取三年内每个学科都能涌现出特级教师、正高级教师人选。

这六项要求既是对每位教师工作的具体指导，也是对"科体艺"学科发展的指导。

（红袖子整理）

特 色

　　有内涵的教科研、有特色的"科体艺"一直是陈经纶中学的办学追求。学校的办学特色体现在学生的成长上，而成长的动力与源泉来自学校优秀的、高水平的教师，正是在这些优秀教师的引领下，经纶学子在学习、竞赛、活动等多个方面展示自己的才华。

人人提升的教科研

　　重视教师成长是陈经纶中学办校的重要理念，每位教师都要参与教科研工作并不断取得成绩是学校对教师的基本要求。陈经纶中学是"重视人才先进单位"，围绕"名长名师"工程创新了学校的人事管理体制和机制。张德庆校长工作室和王苹、杨红、黎宁、张洁等老师的"特级教师工作室"的设立，以及各类体现经纶办学特色和水平的教育教学研讨会相继召开，标志着经纶名师已经在市区乃至全国发挥着辐射示范作用，学校形成了人人参与教科研的良好氛围。

个性成长的"科体艺"

　　学校为了保证学生的健康成长，自主组建了各类体育俱乐部，课程及活动内容选择了奥林匹克竞赛的各类项目，形成菜单，供学生按个人的兴趣及需求自由选择，实现了体育与健康发展的个性教育和培养。学校科技教育形成"学科普及—社团推动—校本科培优—课后研究发展"的特色科技教育体系。艺术教育探索走进大山、走进社会的实践教育，推动没有艺术特长生的特长教育。在普及的基础上，学校的"科体艺"教育成果卓著，学校 12 个合唱团、舞蹈团、管乐团成为学生的艺术殿堂，18 个体育俱乐部成为学生健身的推动者，23 个科技社团成为学生实现科技梦想的摇篮。

全国领先的"每天一节体育课"

2003 年起，学校率先提出"每天一节体育课"，而且落实到课表，每节体育课都有教学计划、方案，每节体育课都要实现教学目标，十多年下来，学生的身体素质明显提高，每次市区统测不需担心就稳拿前几名。由于课时多，并且都计入工作量，所以大家经常说陈经纶中学最有地位的老师是体育老师，最有钱的老师也是体育老师。当然，每份收获都需付出汗水，而这些也正是孩子们健康成长的最佳补品。

（红袖子整理）

4. "经纶印记"处处育人

他深化了首都名校建设过程中"三深入一自主"的德育工作目标，推进了"陈经纶中学德育工作框架"的内涵认同和常态实践。面对高考改革新趋势，主持了"学生综合素质成长记录袋"的改革项目，创新综合评价机制，促进学生全面发展。他个人曾获得"朝阳区教育系统百名优秀青年教师"、"朝阳区优秀德育干部"、"朝阳区创建文明城区工作先进个人"等荣誉。他就是北京市陈经纶中学高中校区书记、德育副校长于永强。

印象

烙上"经纬印记"的于永强

一提到于永强，就想到一位温润如玉的谦谦君子，就想到一袭白衣、玉簪束发穿梭于刀光剑影中的儒雅侠客，还有，他身上深深的"经纬印记"。

不怒自威的他是学生口中的"强哥"，在学生眼里，他是亲人。他曾担任2007～2010届学生的年级主任，面对几百个学生一天"吵闹"的生活，他仍细致入微地观察，谨防丝毫疏漏。藏头诗、鼓励信……他常用文字代替言语，抒发内心对学生的鼓励与支持，正所谓"润物细无声"，2010年新课改后的首次高考成绩也证明了，跟着"强哥"，真的很强！

在年轻教师眼里，他是大哥。除了工作上的指导，他还是年轻教师们生活中的"男神"：吟诗作赋，出口成章；KTV歌神，最拿手的是《父亲》；一手好厨艺，厨神啊……

在同行眼里，他是行家更是多面手。在北京市"祥云行动"德育报告会上的一席发言，让教授们惊叹、同行们佩服。作为德育主管，他就像一股无形中注入心田的力量：为班主任作的报告，有理有据，引人深思，激发了教师的工作实践热情；在学校的大型活动中，他是金牌主持：在北工大体育馆近七千名经纬师生参加的"迎接九十年校庆的"开学典礼上，他风度翩翩，用刚劲、沉稳的语调，表达出全体经纬人在新学期奋发向上的精神和对经纬的一片深情；在对外交流时，他是学校的外交官，各类外事活动，他用中英文双语讲解，游刃有余。

被任命为高中部书记后，他丝毫没有端架摆谱：对于老教师，他体贴尊敬，是老辈赞不绝口的"于帅哥"；对于年轻教师，他帮助点拨，像大哥哥一样关怀备至。他的行事风格一如经纬特质：高调做事，低调为人，用行动温暖身边的人。

（李 获 闫 敏 韩国凤）

故事

在"经纶印记"中共成长

与学校制度、学校环境这些"硬件"不同,学校德育,特别是处于核心地位的价值观念和行为方式通常并不是以统一的规格机械地传递的,而需要以更加柔性的方式传播。对此,北京市陈经纶中学高中校区书记、德育副校长于永强体会特别深刻,他常说:"'软就是硬',如果我们认为制度手册才是最有力的,那就大错特错了……任何学校德育的价值都是通过其故事和背景存在的。如果我们真的关注创意、价值、行为,那我们就必须关注故事以及对自己发展愿景的描绘。"在探索学校德育的实践性过程中,作为德育工作的助推者,于永强与陈经纶中学一起成长着。

有"梦想"可追求

2007年,于永强放弃一所职业学校副校长的职务,应聘到陈经纶中学。当时在他的眼里,陈经纶中学好像朝阳的教育圣山,是学习教育本领的最好课堂。更吸引他的,是这所近百年学校的经纶特质,从低调优雅的校园到个性化的办学理念,让31岁正是干事业黄金年华的于永强深深地着了迷:从年级主任、德育副主任、校长助理,副校长到高中校区书记,他的梦想在这所校园里生根发芽,完成了自己的拔节与成长,也见证了这所老校在"示范校建设"和"首都名校建设"阶段的发展、壮大。他说,这个过程中最大的收获是,他身上浸染了浓浓的"经纶印记",用他自己的话说就是:"这种'经纶印记'代表着我在陈经纶中学近十年来潜心学习的成果和感悟。"

对待学生,他和风细雨,润物无声,宛如己出。2010届高三毕业生都会记得他们的年级主任"干勾于"。这不是学生给他起的外号,而是他高一时接学生们进入校园时的自我介绍,他让孩子们感到亲近随和,还没有哪个"领导"敢于这样"自嘲"。他与学生日日相伴，一干就是三年，这是他来陈经纶带的第一个年级，用他的话说，是他学习成长的平台，是他凤凰涅槃的基点。他可以叫出年级里400多名学生的姓名，说出每个孩子的长处和不足。他说：我每天在楼内有做不完的事情，早上进楼要"看一看"，看教师和学生的表情是否愉快；中午进楼要"问一问"，问教师和学生上午教学进展的是否顺利；晚上进楼要"谈一谈"，与个别学生谈谈心，加把力。三年如一日，他带着2010届的学生们顺利地走过了高中三年的圆梦之路。

对待同事他始终真诚，知无不言，视作家人。众所周知，陈经纶中学对于教育教学高质量的标准让每名干部教师都处于快节奏、高强度的工作状态中，当然他也不例外，每天早7点到晚7点近12个小时的时间他都在学校中度过。但是在他脸上永远浮现出的是真诚的笑容：笑着与同事们探讨工作中的问题，甚至亲自帮助年轻的班主任制作发言用的PPT；笑着回应每个向他问好的学生，甚至亲自为学生洗过穿脏的校服。他说：身体可以感到疲劳，但心态必须永远愉悦。因为在经纶发展的过程中，干群间、师生间的彼此认同是构成新动力的基础。

对待学习他刻苦深造，成绩优异，从未敢怠慢。从一名朝阳区教育系统"百名优秀青年教师"走到学校的领导岗位，他未忘初衷，把每一次的学习机会都当作自己成长成才的养分，多年的德育工作实践得到师生的肯定和市区教委领导的表彰。在朝阳区第十一期校长任职资格毕业答辩中成为了为数不多的五个优秀之一；在北京市"祥云行动"校长培训中，为来自北京市各校的德育校长作了近两个小时的题为《萃取传统文化精髓，实施体验为先的做人德育》的报告，得到了与会领导和同行的高度赞赏；2013年在北京市教委组办的加拿大教育管理硕士留学班的北京市骨干校长选拔考试中，以笔试、口试和听力三个第一的成绩脱颖而出，在仅有的26人名额里争得一席，并成功取得硕士学位。

一切的成长与成功都始于陈经纶中学，难怪他如此看重自己身上那道清晰而深刻的"经纶印记"呢。

有"规章"可遵循

于永强常说，作为管理者，既要有全局的思考又要对一线有相对客观的了解。

只有掌握年级的不同需求，才能在真正意义上与班主任"谈心"。一个良好的组织系统，必然是个有序的自组织系统，必然要求对环境开放，只有这样，组织系统才能新陈代谢，才能有适应环境的能力和旺盛的生命力。因为在平衡状态下，系统内部混乱度最大，无序性最高，组织最简单，信息量最小。这种表面上的平衡，实际上会对现代管理起到极大的阻碍作用和窒息作用，使组织系统变得死气沉沉没有差异，缺乏竞争，陷入一种低功效的局面。

学校传统德育管理组织机构包括学生发展处和年级组两个层级，学生发展处是校级德育管理平台，年级组是年级德育管理平台。每个年级有十几个班，如何加强年级管理功能，让学校实行的年级主任负责制真正地运转起来？于永强对学校和年级两个平台的关系进行了重新界定。在学生发展处的平台上，发挥对年级平台的支持和辅助落实功能；在年级工作平台上，强调创新和自主发展功能，促进德育管理重心下移，实现教育、活动、评价和师训四个功能的整合，于是一个被称为"四个一"的年级管理模式应运而生了。

每月一主题班会：聚焦班级建设，狠抓生活习惯、学习习惯、行为习惯，大力提升学生文明素养，并形成年级良好的舆论氛围和风气，从小事和实事落实德育的常规管理。

每月一年级活动：年级是组织好学生活动的重要平台，活动是催进班集体建设和学生个性化成长的大舞台，年级要践行素质教育，促进学生全面发展，就必须积极开展丰富多彩的教育活动。

每月一培训：指导班主任团结好教师工作团队和学生干部团队。年级的德育队伍建设，要求年级组长要一手抓班主任，一手抓学生干部，形成和谐互补的关系，做好各项年级工作。

每月一评价：保证年级学习和生活秩序的稳定，形成符合学校要求和年级特点的自我评价机制，每月上报八好班级评比结果，比重占学生发展处月评价的50%。

"四个一"年级管理模式突出主任为主体的德育管理——自主组织和设计有益的活动与评价，着手解决教育教学中的实际问题。同时，依照"八好班集体建设评价细则"和"陈经纶中学学生一日常规"，对照检查年级学生；依"1234567"班主任月考核和反思以及"班级常态管理十个环节"的内容，对照指导班主任工作。

有"情感"可领悟

如何让班主任改变以前所认为的"按部就班地履行班主任的工作职责，班级的面貌就会有大的变化"，是于永强经常思考的问题。为了能改变班主任对学校德育工作，特别是对班集体建设的意义与策略的认识，于永强组织和策划了"端正教育思想，合理教育手段，把班集体建设成一个温馨的家"的主题研讨会，他以"家"为主线，挖掘家与班集体的情感内涵，设定了探索班级管理的九个主题：

(1) 成"家"有"法"——班主任主导下的干部责任与班级常规。

(2) 持"家"有"序"——班主任主导下的班级活动规划与组织。

(3) 管"家"有"礼"——构建师生、生生和家校间和谐的关系。

(4) 做智慧型的"家"长——利用非智力因素促进学生的智力因素。

(5) 做民主型的"家"长——用班级的正确舆论促进学生发展。

(6) 做伙伴型的"家"长——设计班级小组与同学互助的有效形式。

(7) 我爱我"家"之班级个别生与后进生的确定与转化。

(8) 我爱我"家"之加强与科任教师合作转化后进学生。

(9) 我爱我"家"之优秀学生榜样对个别生和后进学生转化的作用。

用"家"的概念来促成班级管理的生动性，班级常规管理中出现了新意，也激发了班主任的管理热情，从班规制定、班干部培养、氛围营造、学生转化、家校合作、教师合力等多个方面涌现了新的举措。吴玉霞，一位多次带领学生在高考中取得优异成绩的名班主任，她曾组织2009届、2013届的学生长期开展志愿者服务活动，超市、敬老院、松堂临终关怀医院……让学生体验了助人为乐的快乐。在这些形式多样、重体验的教育活动中，学生们成长很快，班集体更温暖、更温馨；张辉，一位实践反思和高考成绩同样突出的名班主任，从带2015届学生开始，她最大的变化是从心底里允许学生犯错误，并在不断纠错的过程中提升学生的做事标准……在陈经纶中学，像上述两位班主任一样带着对"家"的概念开展班主任工作的老师还有很多，王小平老师关注身残志坚的新学困儿童、张洁老师的"因人而异、因时而异和因地而异"、韩国凤老师的班级新型小组合作、宋其云老师的班日志、周明芝老师用讲故事走完整个学期……

看着老师们的变化，于永强很欣慰，他相信，以情换情，将让管理工作更人性，更能激发班主任的情感，增强他们的幸福感。

有"师爱"可传递

"行万里路，读万卷书，听万人言。"在学生管理中，于永强最喜欢把学生们带到广阔的大自然中去，因为来自实践的教材最丰富、最真实。寒暑假、双休日，他总是作为领队身先士卒：奔山东感悟孔孟遗风，赴安徽寻访文化溯源……家里人说：有时间多陪陪自己的孩子啊！有同事说：累不累呀，一次次地出去！可于永强却说：累，怎么能不累呢，可我要带孩子们去找到"远方"，直到有一天学生们不会单纯地认为远足只是一次轻松的旅程。

关于"远方"，于永强是这样解释的："花几百元钱可以横跨省市，花几元钱可以万里传音，点一下鼠标可以与天下交友，还有远方吗？没有。远方只在于人心之隔，而无地理之堑了。这三天的行程中我们所有的奔波，会令自己的心跳更快、肌肉绷得更紧、比日常生活具有更多的想象力；所有的跋涉，会令自己的眼界更开阔、经历更曲折、记忆更丰富。当你走得越远，那最初的起点反而恰似你的远方。你走得越远，那出发的原点反而离自己的心越近。所以人们才有可能并重新爱上原本认为单一的生活。与你的同学、与你的老师一起开始这次远足吧！哪怕道路坎坷、旅途劳顿，哪怕居所普通、饭餐乏味，重要的是，你在勇敢地挑战自我，你在真诚地体验生活！"这种体验带给学生们的感悟每每都会让于永强感动。有的孩子在去河南红旗渠的远足日志中这样写道："别了，我曾经讨厌的农村，明天即将返京，莫名却心存留恋。我知道，这里曾留下我的足迹，这里曾让我认识了自己。"有的孩子在去安徽的远足日志中这样写道："粉墙黛瓦，静谧的村庄，虽非富贵，确是我内心想到过的天堂。高贵来自恒久的积淀，徽文化的博大精深让我痴迷。"于永强认为，学生的这种感悟，对其成长有着重要的启迪。

教育无小事，事事皆育人。理想是学生确立奋斗目标的前提，信念是学生面对挑战和困难时勇于接受的思想基础。于永强愿意与学生远足，带动学生，达成信任，促成交流，传递友爱，用更多优秀感人的真实经历净化彼此的心灵，摆正自己的成长心态。因此引导学生设计自己的全面发展和未来的发展规划，明确学生的自我发展目标，关注学生实现目标的过程，引导学生激发自己的潜力作为持续发展的基石，是于永强极大认同的师德师爱的内涵。

（红袖子）

"实施做人德育，创建青春校园"管理模式

　　陈经纶中学提出的"实施做人德育，创建青春校园"的德育工作目标，把教育培养的学生比喻为经纶小天使，每个带有经纶教育印记的学子都"戴着健康的王冠，睁着理性的双眼，挺起自信的胸膛，装上知识的马达，扬起理想的风帆，插上科技和艺术的翅膀，翱翔出陈经纶中学，成为国家的英才和栋梁。"整体构建"实施做人德育，创建青春校园"的德育实践框架（见下图）。

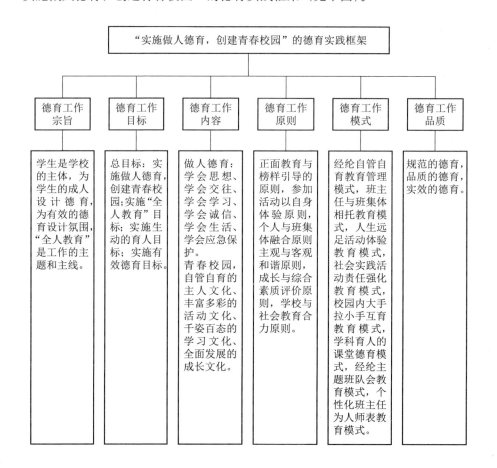

"实施做人德育，创建青春校园"的德育实践框架

德育工作宗旨	德育工作目标	德育工作内容	德育工作原则	德育工作模式	德育工作品质
学生是学校的主体，为学生的成人设计德育，为有效的德育设计氛围，"全人教育"是工作的主题和主线。	总目标：实施做人德育，创建青春校园；实施"全人教育"目标；实施生动的育人目标；实施有效德育目标。	做人德育：学会思想、学会交往、学会学习、学会诚信、学会生活、学会应急保护。青春校园，自管自育的主人文化、丰富多彩的活动文化、千姿百态的学习文化、全面发展的成长文化。	正面教育与榜样引导的原则，参加活动以自身体验原则，个人与班集体融合原则主观与客观和谐原则，成长与综合素质评价原则，学校与社会教育合力原则。	经纶自管自育教育管理模式，班主任与班集体相托教育模式，人生远足活动体验教育模式，社会实践活动责任强化教育模式，校园内大手拉小手互育教育模式，学科育人的课堂德育模式，经纶主题班队会教育模式，个性化班主任为人师表教育模式。	规范的德育，品质的德育，实效的德育。

陈经纶中学的德育工作宗旨，概括成下面四句话：学生是学校的主体，为学生的成人设计德育，为有效的德育设计氛围，"全人教育"是工作的主题和主线。

学生是学校的主体，总是灌输式教育是不行的，这样既没有针对性，也不生动。承认学生是学校的主体，就要为学生的成人设计德育。为有效的德育设计氛围，就得思考什么是氛围。共识就是氛围，平台也是氛围，即达成共识和平台就是氛围。在德育工作中，坚持全体、全程、全科、全面。全体，就是要求好中差学生一起抓，一个也不掉队。"让聪明的孩子更聪明，让不聪明的孩子也聪明。"全程，就是学生在学校的每个学习生活环节和细节都要考虑德育，就是要注重全员德育。全科，就是学校仍然是以教学为主，学生以学习知识为主，一定要在学生学习知识过程中落实德育。陈经纶中学永远倡导教育教学合一，强调教师教书育人的整体作用。学校强调师德，为的就是这个。全面，就是在兼顾全面教育内容的基础上，重视素质教育。

（于永强）

也谈班主任管理

在学校的德育工作中，最为重要的是形成具有普遍意义的、长效的、学生渴望接受的、和谐发展的德育系统和方法手段，而要做到这一点，必须依靠班主任在日常学生管理中的实践、开发与创新。因此，班主任的管理工作成为学校德育的重要抓手。

首先，管理者要弄清楚班主任在经纶"德育工作框架"内所承担的任务。在班主任的管理与落实过程中，不可避免地要进行四个方面的规划：班级规划、学生规划、学科规划和活动规划。在班内培养中注重学习氛围、班委建设主题活动和个性教育；在班外培养中注重学生的体育训练、艺术修养、科技拓展和社会活动；在组织过程中不能忽略形成包含领导、任课教师、学生、家长、社会师资等为主的班级管理团队。综上所述，班主任在学校"德育工作框架"中的重要地位就显而易见了。

其次，管理者要弄清楚班主任在践行"德育工作框架"过程中的管理能力和水平的差异。客观地讲，班主任的教育背景、生长环境、社会阅历和管理经验因人而异，所以在落实学校德育工作要求的程度上也参差不起。学校应该通过针对性的培训与引导，打破原有的在观念上普遍具有的思维定势：认为德育就是纠正学生思想、管教约束学生的工具和手段，认为德育应该按规定的要求向学生灌输规定的思想；树立起新的德育思考：不断变换主题，不仅担负思想领域方面的教育任务，更加重视德育的智力支持和实践情感，追求德育价值最大化的效率思维，同时促进班主任管理学生的专业化程度。促使班主任在自身原有班级管理经验的基础上，走进学校德育要求的新情境；通过班主任的认识调整和对班级管理团队职责的改组，形成新的经验；依据学生特点和班主任自身的特点，逐步构建起颇具特色的班级管理文化，进而真正地培养优秀学生，成就教育思想端正、管理手段科学的名班主任。

第三，管理者要明确班主任管理的常态工作，丰富"德育工作框架"的可操作性。在原有班主任工作条例和班主任职责的框架内，我特别强调以"1234567"为核心的班主任班级建设程序性工作：（1）开一次班委会制定并布置本月的周重点工作；（2）做两次配合科任教师工作的专题讲话；（3）抓三个在班上具有代表性的学生工作点并形成案例；（4）查四次学生完成作业的情况并讲评；（5）选五个不同时间段观察并了解班级状况；（6）督六个小组评比竞赛检查班风班容及公物保管情况；（7）每周必须针对全班进行小结并在此基础上完成班主任月工作反思。

最后，管理者要构建班主任工作交流的常态机制，促进"德育工作框架"的内涵认同。班集体建设成效的高低取决于班主任的管理能力和水平，而这种能力至少需要三种必备的知识储备：经验性知识、方法性知识和理论性知识。作为班主任队伍建设的领路人，一定要形成常态的研讨交流氛围。所以，我推出了"我该怎么办？"的案例交流机制，确定交流的六大主题，即：常规工作要规范化、主题活动要系列化、学生培养要目标化、解决问题要克服情绪化、班级教师要团队化、班级建设要全员化。以个人实际经历的案例为题材，与大家分享。为了确保交流的逻辑性，我又细化了交流的四个层面，即案例描述、解决策略、后续效果和理论反思。通过积极推行班主任之间的班级管理交流活动，促使班主任在原有经验的基础上，在新的情景下反思提升出更新的经验。这一机制的建立和实施，帮助班主任做到心中有案例、脑中有特例和手中有范例，保障了班级管理问题的针对性解决。同时，解决了每到新学年班主任任职人员变化幅度大、新人如何尽快完成学生培养和班级建设的问题。

（于永强）

特 色

经纬的德育工作始终以生为本，从孩子们的认识角度出发，进行内化激励。用贴近实际和贴近生活的体验向学生传递正能量，强调知行统一、自主参与、自觉实践，使经纬德育的各项工作都寓教于乐、生动有效、感人至深。

做人德育

做人德育从内容上可以概括为"六个学会"，即：第一，学会思想；第二，学会交往；第三，学会学习；第四，学会诚信；第五，学会生活；第六，学会特长发展。

"星级评定社会实践"教育模式

"以爱育爱，爱满经纬"的经纬志愿者服务理念，是在学校团委组织的青年志愿者服务基础上，结合学校教育工作的实际需要而建构的。该模式把青年志愿者服务的范围由原来的以社会为主拓展到家庭、班级、学校、社区和社会，这样就可以为每一个同学提供广阔的服务基地和弹性的服务时间，使"奉献、友爱、互助、进步"的宗旨得到更好的落实。尤其是把志愿者服务活动的重点指向家庭和社区服务以后，产生了很好的影响，解决了单纯"社区服务"不能解决的时间、基地、管理问题，有效地推动了学生志愿者服务活动，培养了学生的服务意识和劳动观念。志愿者服务活动实行记小时管理，每位同学在校三年的学习时间内至少完成 80 小时的志愿者服务活动。我校通过评选"家庭之星"、"班级之星"、"学校之星"、"社区之星"、"社会之星"等，有效地推动了学生志愿者服务活动，培养了学生的服务意识和劳动观点，并将感恩教育和礼仪教育融入其中。

学生部委制

陈经纶中学的"部委制"是对学生干部管理的一种改革，是促进学生在工作中实践学习和自主管理、自我发展的新型德育管理平台，实现了"学生干部的责任感、班级主人的归属感、存在价值的幸福感"。"部委制"打破了多年形成的每班三个团干部和五个班干部的编制，对班级干部的设置和岗位职责进行全面改革。团委和班委由八人增加到十六人，形成学习、卫生等十六个"部门委员"，各部委直接与学校职能处室对接，隶属于教学处、德育处、团委、总务处，形成了分工明确、纵横交错的学生自我管理系统和全员德育系统（见下图）。这个学生干部管理平台是侧重师生参与管理的动态实践过程和"全员、全程、全方位"的全员德育模式架构，构建了师生参与学校管理的人力资源系统，实现了学生在实践中自主发展的有效育人平台，大大提高了学生自我管理、自我教育体系的工作效能。

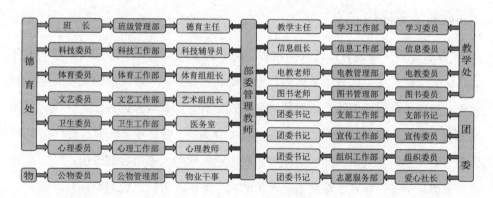

八好班集体

八好班集体，即从"学生出勤好、仪容仪表好、行为习惯好、教室整洁好、公物维护好、参加活动好、师生和谐好、学习习惯好"八个方面提出了优秀集体的考核内容和考核标准，为班集体建设提出了目标、方向、标准和抓手，最终形成"自主管理班集体、和谐班集体、学习型班集体"三位一体的优秀集体，使学生在民主、和谐、向上、自主的集体中成人成才（如下图）。该体系充分发挥德育教师和学生干部的双主体作用，德育教师负责评价体系的设计和信息的使用，学生干部负责体系的实施和信息的采集。由于所有的教师和学生都非常关注评价结果，体系的有效运作会起到牵一发而动全身之效果，引导广大未成年人牢固树立心中有集体、心中有他人的意识，从规范行为习惯做起，培养良好道德品质和文明行为，学会处理人与人、人与社会等基本关系，极大地提高了管理的效能。

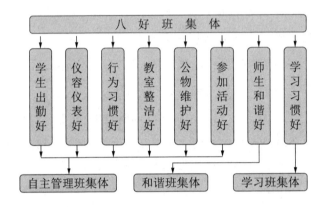

百名学生标兵评选

"百名标兵"评选包括三大类内容：第一类是综合表彰类，包括三好学生标兵、优秀干部标兵、优秀团员标兵，他们是我校德智体全面发展的最优秀学生的代表；第二类是综合实践类，包括社会实践标兵、社区服务标兵、研究性学习标兵三项，他们是新课改思想的践行者，是社会实践、社区服务和研究性学习的积极参与者，他们在其中的某项活动中表现出色，成为大家学习的楷模；第三类是综合素质评价类，包含了综合素质评价的六个方面，包括思想道德标兵、学业发展标兵、合作交流标兵、运动健康标兵、审美表现标兵和特长发展标兵，由于特长发展的范围比较广，我们又分为体育特长标兵、艺术特长标兵、科技特长标兵、社团发展标兵四个方面。三大类十五项标兵的评选，在推动综合实践活动和综合素质评价方面，在促进学生全面健康发展方面发挥积极的导向作用和促进作用。百名学生标兵评选活动，在学生中树立了可学、可信和可靠的榜样。

"百名标兵"表彰类型

传统三项	实践三项	综合六项
三好学生	社会实践	思想道德标兵
		学业发展标兵
优秀干部	社区服务	合作交流标兵
		运动健康标兵
优秀团员	研究性学习	审美表现标兵
		特长发展标兵

（红袖子整理）

第四辑　和谐治校

　　教育是一项系统工程，支撑一所学校发展的不是校长一个人，或者哪一位教师的个体能力，而是全体教职工的整体实力。

　　当学校成员之间成为相互尊重、相互信任、相互协作、公平竞争的"工作共同体"，结成友善、和谐的"生活共同体"，管理将渐入"无为而治"的佳境。

1. 中学党建法宝：从群众中来，到群众中去

他曾获"全国模范教师"、"广东省南粤教坛新秀"、"广东省南粤杰出地理教师"、"广东省特级教师"、"广东省首批名教师"等荣誉称号；他在《课程教材教法》等十多家国家级、省级刊物发表论文40余篇，出版了《趣味军事地理》《走出地理狭谷》等4本专著，主编有《地理在社会生活中》等10余部著作；他曾被聘为广东省中小学教材审查委员会、中学高级教师评委会、中小学特级教师评委会、高中教学评估专家组、示范性高中评估专家组成员。他就是北京市陈经纶中学党总支书记全疆发，中学高级地理教师、华南师大教育硕士研究生导师。

印象

此"发哥"非彼"发哥"

微信里,他的名字叫"发哥",极易让人猜想,他是不是周润发般的大哥级人物。

此"发哥"非彼"发哥"。

"发哥"全疆发此前是一个特别优秀的地理教师,几乎得过所有地理教师能得到的荣誉,课教得好,特级教师嘛!人品也好,全国模范教师啊,不好是评不上的。

专职党总支书记,对于"发哥"而言是个新岗位,也不是他的强项。但"发哥"2012年从广东应聘到北京朝阳区后,在北京市朝阳区陈经纶中学一心一意做起了党建工作。

不过,与南方城市佛山相比,首都北京凡事都跟政治相关,何况在名校管人的思想,"发哥"自感责任重大!

他从不摆架子,平易近人,从内心深处关心老师们的生活与工作,常常在用餐和散步时,对老师们嘘寒问暖。有些老师遇到工作中不如意的事情时,他特别注意将正式谈话与非正式谈心有机结合。

他非常尊重老师的人格、隐私,注意谈心谈话的环境、方式、语气,通常会选择一起在操场散步中聊聊家长里短,先从交心开始,再交流思想,最后才交流工作想法。

他认为,从内心深处尊重老师,站在老师的角度换位思考,才能获得老师的信任。这是思想政治工作者的基本素养。

开展党建工作,他秉持"从群众中来,到群众中去"这一党的传统法宝。他经常主动找一些党员、干部、老师聊天,听取他们的需求、心声和建议,并及时与校长沟通,进而确定工作的基本思路。

他不但关心在职教师的生活与工作，也关心离退休教师的生活，积极与校工会主席沟通工会的有关工作，一起参加老师们的健身跑活动，一起去探望离退休校长及老师。

当然，"发哥"始终不忘自己是地理学科出身的，充分发挥自己懂地理之所长，设计了一条又一条京城自由行路线，拍得美照无数，而这些美照，也成了"发哥"的教育素材——"岩缝中弱小的生命更需坚强"，"叶之曼妙不亚于花"，"早起的鸟儿有虫吃！"

三年来，"发哥"从群众中来，到群众中去，在专职党总支书记岗位上尽心尽力为学校发展保驾护航。

（红袖子）

全疆发的中学党建法宝：从群众中来，到群众中去

回忆自己的受教育与成长历程，反思自己的现职工作，全疆发用了一句大家再熟悉不过的话：从群众中来，到群众中去。

与经纶结缘

2011 年 7 月暑期，在广东省桂城中学任校长兼党委书记的全疆发，和太太来在京城工作的女儿家休假。跟女儿的交流过程中，他得知女儿扎根京城的心思很坚定。这期间，他又从网上新闻得知，朝阳区教委正面向全国招聘特级教师、名校长。两口子一合计，虽然年近半百不小了，也决定尝试参加一下为期两天的应聘考试。如果成功了，退休了可以离女儿更近一些，年老了有个什么病痛可以有个人照应；如果不如愿，反正也没熟人知道，不丢人。

没承想，就这样改变了人生轨迹：一年后，他来到京城报到。到京城后，两眼一抹黑，静等通知去上班。当被通知去劲松一中找某某办理集体户口时，还认为会被分配去这所初中校呢。因为长期在高中任教，他自然有些郁闷。

又隔了半个月，全疆发接到通知，让他去陈经纶中学报到，他不禁心中窃喜，因为他早就知道陈经纶中学是"首都名校"。何况，他与校长张德庆十几年前曾是"中学校长培训中心"第 23 期重点中学校长培训班的同学。天南地北相隔十年又相会成了同事，这是缘分呀！他久悬的心终于落了地。

至此，桂城中学任校长兼党委书记的全疆发，上岗陈经纶中学党总支书记。

从群众中来

对中小学而言，教学工作才是中心工作，党建工作只是政治思想上的引领与保

障。离开了教学工作，政治思想上的引领就成了无本之源、空中楼阁，不接地气。

专职党总支书记岗位，对一直全面主管教育教学业务的全疆发而言，是一个新的挑战：如果另起炉灶也抓教学教研，则是党政不分，无故增加老师们的工作量，使老师无所适从。

怎么办？党建工作怎样开展？初到陈经纶中学的全疆发开始到群众中找切入点，因为行政干部中的绝大多数、骨干教师中的绝大多数、教师群体中的一半，都是党员！"从这一切入点，要求在管理岗的党员干部、在教学岗的党员教师，在常态的岗位履职中起先锋模范、带头示范作用；拟定一个标准，让党员们参照标准去努力。只有这样，党建工作才能结合工作实际，才叫作务实。"他很快找到新工作的切入点。

遇到有些事情拿不准时，他喜欢到老师办公室去走一走，听听老师们的意见。譬如，考虑一年的党建工作计划，或按上级要求要上一节什么党课时，他喜欢去政治科组走一走，去听听知名特级教师也是总支委的王苹还有其他老师们的意见，特别是党员老师喜欢哪种形式与内容的党员活动等；有时对一个概念把握不准时，或材料不丰富时会虚心登门请教，寻求帮助。在他看来，党员也和学生一样，只有对活动有兴趣时，才会认真，才有效果。改一改过去的那种灌输式学习与宣传，可能更有效果，譬如开展"群众路线"知识竞赛等，寓学于赛，赛中有乐，效果很好。

党员教师的公开课，只要有时间，他就会去听。听完课后，他有时会参加学校层面、教研组层面的评课。通常，执教老师、学校干部都很关注领导的评课，甚至有点"定性"的味道。上课水平高、当堂效果好的还好办，大家都是鼓励、肯定的语气。上课一般、当堂效果不好的就难说了：违心讲好话，领导不客观，水平也一般；和盘托出讲问题，老师受不了，而且可能造成"定性"印象，后面再努力也难改变。怎么办？得讲究艺术。他通常是让其他相关老师先讲，畅所欲言先有个民主、研讨的氛围。其次是找闪光点，方法不行态度好嘛，要先让人家愿意接受意见。第三是明显不对的地方用"假设"的建设性意见：假如用另一种方法，效果怎么样呢，启发对方去思考。聪明的老师心领神会，下次就不会犯类似错误。这样一来，既保护了老师的面子，也启发了老师怎么去做得更好。这个过程中，他也发现了教学工作中的不足，对教师队伍中的思想情感动态也有所了解，也找到了工作的切入点。如此一来，工作切入点"从群众中来"，起到了良好的效果。

到群众中去

为了及时了解教师工作中的困难，或者教师们对学校某些决策的不同想法，全疆发经常去教师办公室走一走，转一转，听听老师们的意见。反"四风"改作风期间，一些过去视为福利传统的做法，如在传统节日发月饼、汤圆的做法，被明令禁止了。担心老师们不习惯的他有意跟老师们聊到此话题，没想到陈经纶中学的老师讲政治、顾大局、识大体的觉悟那么高。"快叫校长别发东西了，已经通报处理好多单位的领导了。我们想吃自己买，别让校长担风险。"老师们的善意提醒感动了领导班子，也让领导班子放了心。

到群众中去，还要了解并尽可能解决老师们的困难。

有一位刚调入的老师，工资上不去，居住条件也不尽如人意，读书的孩子因不适应新环境造成成绩下降，新的工作与生活环境与原来理想中的反差极大，导致这位老师的心理压力大，心情焦躁，身体也出现不适情况。全疆发了解情况后，决定找这位老师谈谈家常聊聊天。他了解到，这位老师年龄虽然不大，但才华出众，业绩突出，自尊心很强，有些痛苦、困惑可能属于隐私，未必愿意让别人知道。

怎么做才能让老师袒露心扉？全疆发开始有意接触这位老师。譬如，在学校食堂吃饭时有意跟他聊聊工作、家庭，慢慢地，这位老师对他产生了信任感，打开了心扉，将心中的苦恼和盘托出。

从群众中来，到群众中去，体察了民情民意，增进了干群关系。

"考"干部

作为一个集团校，怎样形成干部的凝聚力？干部培训怎么才能更有新意和实效？每次培训时，校长张德庆都会结合新学期的工作思路反复讲办学思想，党总支书记全疆发也每次都强调政治、组织纪律，要求大家在具体工作中讲政治、识大体、顾大局，要有合作意识与补台习惯，减少工作中的冲突与摩擦。

培训效果究竟怎样？干部之间的合作意识与补台习惯怎样进一步养成？2014年寒假的干部培训中，一场特别的笔试被安排到培训环节。试题看似非常简单，譬如，简要回答：陈经纶中学的办学思想是什么？办学目标是什么？"三施教文化"具体指什么？教学框架的结构如何？德育框架的结构如何？等等。还有一道案例分析题：一天校长巡视发现校园某处卫生状况不佳，而且马上就会有嘉宾来校参观，正好碰见路过的你，并交待你赶紧处理落实。你站在自己的岗位（可能是教学主任，或德育、后勤主任），谈谈具体的落实办法。没想到，50多名干部中，能较好、准确地答出学校办学思想等理论题的干部并没有想象中的多。这说明以讲为主，缺乏互动与实践体验的培训，效果不尽如人意。案例分析题可以看出干部的主体意识、主动合作及补台意识、协调意识，答案五花八门。

这次笔试后，他及时组织了试卷点评，结合问题，引导干部们学习如何在实际工作中提升合作意识与补台习惯，进而提升了培训效果。

成人之美

陈经纶中学教师子女的读书问题，是年复一年都存在的问题。教师子女中成绩好的，就读问题解决起来比较容易；但成绩不理想的，常常成为被学校当成大事来解决的难题。无论是校长张德庆还是书记全疆发，每年都会提前谋划，及时与相关学校沟通，在尽可能的范围内协调解决。

身为党总支书记，全疆发着眼于为教师们解决实事，还十分关心老师们的身心健康。为了营造健康、快乐、和谐的校园氛围，学校的支部活动与工会活动一个接一个，健身跑、运动会等活动，不仅增加了凝聚力，还让老师们养成了锻炼身体的好习惯。

了解、理解群众，换位思考，才可能成为群众的"贴心人"。全疆发说，党群关系中最核心的是"关心群众利益，尽最大可能解决群众困难"，所以，在专职党总支书记这个岗位上，凡事他都坚持一点：从群众中来，到群众中去，以真诚之心，做关心群众、爱护群众、成人之美的实事。

（红袖子）

对 话

怎样开展中学党建工作

担任陈经纶中学党总支书记后，全疆发被朝阳区教工委选派参加了浙江师大和澳大利亚伊迪斯·科文大学合作举办的教育管理研究生学习。澳方教师康斯汀教授在讲授"教育国际化与教育管理"时，对中国的学校既有校长又有书记的现象感到很奇怪，不止一次安排小组合作学习，就书记与校长的职责与作用进行讨论，交流各自的观点。

对此，作为专职中学党总支书记，全疆发总结学习所得和自己的工作经验，谈中学党建工作。

红袖子：中学党总支书记的工作如何定位？中学党总支书记都做些什么？

全疆发：客观而言，中国共产党的奋斗历程、执政历史，以及中国国情，西方学者不太了解，也难以理解。欧美等所谓"民主国家"较早经历了资本主义经济高速发展，无论是经济水平，还是国民素质，以及政治制度等都较成熟。这些外国学者乃至政客等，不了解地域辽阔、经济落后且不平衡、人口众多且受教育水平偏低、长期处于半封建半殖民社会这样一个基本国情，以及共产党从奋斗走向执政的历程。他们不理解也正常。中国共产党就是在这样一种环境下，经过长期的艰苦卓绝的奋斗，打败国民党，并成为唯一的执政党。这是中国人民，也是中国历史的必然选择。从某种意义上讲，共产党和国家行政密不可分，甚至是合二为一的。换言之，政府的行政、司法、军队、教育等都需接受共产党的领导。而作为执政党，共产党自身也在不断地进行探索和完善"党政分工"的改革，无论是政府还是学校，党政的分工越来越明确。

书记在学校一般不负责行政事务。主要职责是考虑如何发挥党组织的政治核心与政治保障作用。一方面应参与学校重大问题的讨论与决策，譬如重要干部的任免、重要工作的立项、大额资金的使用等；参与讨论的过程本身就是监督的过程。另一方面，是积极引领党员干部贯彻落实党的教育方针，进行教育教学改革，提升学校教育质量，也就是发挥政治引领与保障作用。第三是党管干部，即发现、培养与考核干部，协调班子成员的关系，化解各种矛盾，构建和谐的领导集体。第四是党管人才，通过组织党员活动，彰显党员的先进性与示范性的同时，发现人才，创设平台培养人才。第五是深入群众，了解群众在工作与生活中的困难及需求，及时协调相关部门予以解决，进而密切党群关系。

校长是学校的法人代表，是学校所有行政事务的决策者与第一责任人。书记是学校党建工作负责人。因此，书记工作的定位应该是支持校长工作，即俗话说的"添彩但不越位，帮忙但不添乱，监督但不设障"；从而让校长放心、大胆、积极地开展工作。这就要求书记与校长之间要互相尊重与信任，互相理解与支持；多一些换位思考，少一些猜忌怀疑；多一些补位，少一些拆台。特别是做书记的，应多站在校长角度去考虑问题，但又不要越位去干校长的活。譬如，教学是学校的中心工作，这是校长职责范围的事，原则上书记不要干预；即便是引领党员在教学或班主任岗位发挥示范作用，也应该将之融合在常规的教学教研活动中。另起炉灶搞一套，可能会影响正常的教学秩序。

红袖子：怎么落实"党管干部"，怎样选拔、培养、考核干部？

全疆发：中国共产党自成立以来，支部常设组织委员。一个地域的较大的党组织，通常设组织部。这就体现了中共无论是建党初期还是建国以后，"党管干部"是历史发展的传统与必然。这是党的组织工作为政治路线服务的一项有力保障，更是巩固党的执政地位的重要保证。为什么？因为党的方针、政策是否得到贯彻落实，关键在干部。所以，我党历来重视在群众中发现、选拔干部，在工作中培养、考查干部。学校层面的基层党组织，其管理干部的职责主要表现在：一是在教师群体中发现干部苗子，及时向校长推荐；二是对校长提出的人选，通过规定的问卷、访谈等程序与民主形式，适时选拔重用；三是每学年结束前，也通过访谈、问卷等形式，对所有中层以上的在职干部，以"德能勤绩"为主线进行考核；四是通过工作布置给平台、压担子，或组织专题学习与交流，在工作与学习中培养干部，让他们不断走向成熟。

张校长在干部培养方面极具战略眼光，慧眼识英，经验丰富。他善于从青年教师中发现苗子，然后在工作中压担子看其品行与能力，看准的人不拘一格、大胆启用。正因为如此，陈经纶中学被誉为朝阳教育系统干部的摇篮。近十年有十多位干部走向校长、教委重要干部行列。如朝阳区教工委副书记、督导室主任王世元，副主任王彪，门头沟教委主任李永生等。

张校长接任陈经纶中学校长初期，学校发展处于低谷期，干部队伍不稳定，干部关系也谈不上和谐。所以，他致力于发现、提拔一批敢于改革创新的年轻干部。为了避免年轻干部怕得罪人不敢大胆工作、患得患失当老好人，在征得上级同意后，干部年度考核减少了"民意测试"这个环节。正是因为这一应急举措，使得一批青年干部没有个人选票得失的后顾之忧，奋发有为，大胆强力推进学校教育教学改革，带来了近十年学校的高速发展。

当学校迈入朝阳教育高质量的龙头队伍时，学校干群关系也更和谐了，干部队伍也更有战斗力了。所以，近两年，按照区教工委的规定与部署，学校干部的选拔、培养、任用与考核机制基本形成。各分校选拔任用干部，首先是在规定的干部职数范围内，各支部提出人选。然后我与于亚萍同志代表党总支与分校支部一起，在被提名人在全校教工会议述职的基础上，进行访谈、问卷等形式的考察，最后是总支委会议讨论通过才任命。这一过程中是"党管干部"与"人民当家做主"的有机融合。走群众路线与民主程序，可以避免失察及失误。譬如，对嘉铭东校区孙新同志的考核，群众普遍认为他不但专业能力强，指导热情，乐于帮助同行；而且政治意识与大局观强，任劳任怨，不计个人得失，善于合作与补台，能与群众打成一片等；后来经总支委会议决定被任命为嘉铭东校区支部书记。

红袖子："党管人才"如何体现？

全疆发：我党历史上一向重视挖掘和培养人才。因为人才是事业发展的根本保障。特别是新中国成立以后，"人才强国"已成为全党共识，在人才发现、培养、使用上不仅更便利了，而且更显得重要与必然。当前，八千多万中共党员，可以说是13亿中国人中最优秀最集中的人才。当然，党员群体中，人才也是有标准、有类型、有层次的，关键是看如何人尽其才。譬如学校党组织，如何发挥组织作用，激活党员教师队伍的潜能，这是一个系统工程，涉及教师人才的标准、培养、评价与激励机制等，是一个必须长期探讨与完善的课题。

陈经纶中学办学集团，拥有学生 5726 人，教工 625 人，其中党员 284 人，占 46%。中层以上干部 69 人，其中党员 57 人，占 87%；备课组长以上干部 148 人，占党员总数的 52%。作为首批市级示范校，党建工作做得好不好，党群关系好不好，党员的先锋引领示范作用发挥得好不好，是决定学校进一步发展成败的关键。毫无疑问，党员的先锋模范作用带动和促进新的良好教风和学风的形成，党组织与时俱进地服务、引领着学校的改革与发展，从而推进健康的校园文化建设。

学校党总支的重要举措之一是"搭建平台"，彰显党员的先进性。譬如，结合学校常规的教育教学研究活动，开展六个系列的"党员示范岗"活动，即师德作风示范、教学工作示范、德育工作示范、课程拓展示范、合作交流示范、专业发展示范等。我想强调的是，这六个系列的示范活动，并不是总支另起炉灶搞，而是学校常规的教学教研活动，只是要求党员带头积极参与。在参与过程中，一是要亮身份，我是党员，我是自觉参与；二是要亮水平，譬如说某节公开课或发言，党员教师体现出的专业水准是否领先；三是党内对党员参加这些活动进行考核与评比。应该讲，六个系列的"党员示范岗"活动不但激发了党员教师队伍的工作热情、进取精神，促进了党员队伍的作风转变与专业素养的提升，在彰显党员队伍的先进性、示范性与引领作用的同时，带动了整个教师队伍的作风转变与专业提升。

党员示范岗活动一是强化了广大党员的党员意识，更好地发挥了党员的先锋模范作用；二是让群众教师看到了党员先进性在常态工作中的显现，增强了对党组织的认可与向往；三是促进了党员教师队伍的专业素养和能力的提升；四是在其示范和引领下，促进了教师队伍整体素质的提升；五是浓厚了积极向上的校园文化，促进了学校教育质量的提高，进而让教育对象（学生）得到了充分发展，享受到高质量服务。

2015 年陈经纶中学的教育教学质量再创新高：高考一本率 97%，本科率 100%；并再次摘得区文科状元的桂冠。2015 年中考我校三个校区均进入朝阳区前四名，稳居朝阳初中教育质量第一平台，帝景分校连续三年位居全区第一。2014年，帝景分校和嘉铭分校小学部在全区综合测评中分列第二和第五的好成绩。我校科技、体育、艺术教育各方面也捷报频传，硕果累累。我校高中男、女篮球队在区"阳光杯"比赛中双双夺冠，校田径队荣获朝阳区运动会总分第一名的好成绩，校健美操队荣获北京市比赛一等奖。2014年底，《北京晨报》组织的社会调查评估中，我校进入引领北京教育改革发展"品牌学校"前十名。这些业绩的背后，离不开广大党员的无私奉献，是党员引领全校教师共同努力的结果。

重要举措之二是"把党员培养成骨干，把骨干发展成党员"。"三个代表"的理论可以简单地归纳为共产党要做"先进的文化、先进的生产力、最广大人民群众的利益"的代表。具体到学校基层党组织，就要求党员教师应该是该专业的行家高手。因为，只有党员教师的专业精神、专业知识、专业能力在整个教师队伍中处于领头羊的地位，才有可能代表学校先进的教学实力、先进的学校文化，才能满足高质量教育的需求。所以，学校党总支致力于提供平台与帮助，让领先的党员率先成为骨干教师。同时，发现一些专业精神与素养较好的骨干教师，又通过关心谈心，动员他们关注党员活动、党员要求、党员队伍建设等，引导他们积极向党组织靠拢。譬如，我校市级骨干教师13人，其中七成是党员；今年又新增了4名特级教师，其中3人是党员。2014年，有92名教师被评为区以上骨干教师，占教师总数的15%，八成以上是党员。

红袖子：如何处理好党群关系？

全疆发：从我党的发展历程来看，特别是抗日战争和解放战争时期，之所以中国共产党能由弱胜强、由弱变强，一个重要的原因是共产党代表了人民群众的利益，人民群众帮助了共产党。党群关系被喻为"鱼水情谊"。新中国成立后，共产党成了执政党，本质上仍然是为人民群众谋利益，但有些掌握了权力的官员脱离群众、谋取私利，贪污腐化的现象愈演愈烈。这是作为执政党必须破解的重大难题。

学校基层党组织，天天与人民群众在一起，要"同呼吸、共命运"，困难来了，书记、干部要冲锋在前，敢于担当；要主动关心群众生活，为其排忧解难。这种关心群众并不局限于开个座谈会，形式上听取群众意见，更主要是在平时工作交谈中、茶余饭后的散步闲聊中发自内心地去关切，溢于言表地去关心。譬如，早餐午餐时间，我喜欢跟老师们坐在一起，不经意地就会听到某某老师的身体出现了状况，或者父母家人健康出了状况。这时，就要选择时机专门了解，有能力时及时帮忙解决，没能力时说几句关心宽心的话语。只要你情感真挚，群众都会感受到温暖。对于在工作或生活中普遍的问题，需要协调有关部门解决的，及时协调，尽力解决。譬如教师子女读书等事关群众切身利益的问题，党总支和工会都会及时与张校长沟通，积极解决。

工会是联系群众的重要组织与桥梁。学校党总支始终重视工会工作，特别是事关群众利益的工作。无论是在职教师的健康运动项目，还是对退休老师的节日慰问，或是对因病住院教师的探望，总支与工会总是携手同行。在与工会干部交流时，我强调一个观点：咱们对老师的关心应该是发自内心的，而不仅仅是履行工作职责。当老师们从我们说话的语气、看人的眼神中感受到来自内心的关心时，才真正会体会到同事间、组织上的真情实感。

服务群众还表现为为教师的专业成长提供支持。新形势下，基层服务型党组织建设的重要任务是服务群众，这个群众是广大的学生与家长。所以，其服务主体是党员。学校党组织服务的直接对象主要是教师，间接受益的是学生和家长，而服务教师的关键在于为教师的专业成长与作风建设提供平台和支持。党总支一方面通过开展六个系列的"党员示范岗"活动，让党员身份从隐性到显性全方位亮出来，从而达到示范与引领作用，进而推动广大群众教师队伍的专业成长，达到服务教师、服务学生、服务学校改革发展的目的。另一方面，党总支还要求党员在常态的教学、教研、班主任工作中与群众打成一片，在争当排头兵的同时，奉献与分享自己的智慧与资源，共同进步的同时营造和谐发展的校园文化。

我作为书记，也常去听课。尽管隔行如隔山，私下在鼓励肯定老师的同时，也会提出一些中肯的改进建议。教师非常重视自身的专业发展，这是吃饭与生存、发展的根本。关心、支持、帮助教师的专业发展，才能成为群众的贴心人。

红袖子：党课怎么上更有效？

全疆发：书记的职责之一，是根据形势需要给全体党员讲党课。通过党课宣传党的路线、方针、政策，进行党性、党纪等教育。按区教工委的要求，每学期或每学年要结合新时期党中央召开的重要会议，及时传达及解读会议文件精神。譬如，党的十八大及三中、四中全会，还有党的群众路线教育实践活动、"三严三实"教育、廉政教育等。

要上好党课不容易。一是我学的专业不是历史或政治，对中共党史和党的政治理论缺乏系统性的学习，理论修养不够；二是党课的政治性特别强，不能随意发挥，讲得不够生动听众又不愿意听；三是党员教师都受过高等教育，对常识层面的党史与党的政策都基本了解，对新时期的党的政策通过网络、电视等都有所了解。从某种意义上讲，关于党史常识、新时期党的政策的知识，我和绝大多数党员处于同一水平。

怎么办呢？我的备课通常分四步走。譬如：党的十八届四中全会，提出了"建设中国特色社会主义法治体系、建设社会主义法治国家"的一系列新观点、新举措。许多理念和举措可以说整体推进、耳目一新，特别是在制约公权方面有许多突破，是未来中国走向法治国家的路线图。为了让 40 分钟的党课内容有深度、形式生动，能入脑入心，需精心备课。

第一步，自己反复阅读、深入理解，把那 18 页的小本本至少读了 8 遍，用不同颜色的笔画记关键词。第二步，找报刊、网络的专家解读，提升自己的理解程度。第三步，找出各项举措的目标、相互之间的逻辑联系，力求用思维地图来表达。第四步，从"学校如何依法治校"、"教师如何依法治教"的角度与现实工作、社会生活建立联系。所有这些探索与尝试，使党课真正做到政治性、思想性、教学性与生活有机融合。

这一过程关键还是加强自学，首先，提升自身的理论素养。其次，要站在党员的角度想，党员想知道什么？怎么样才能深入浅出？最后，政治理论要联系学校实际，不要空谈，要接地气。譬如，为了讲好"群众路线"这个话题，我花了大量时间阅读自己购买的历史书籍，了解延安时期"群众路线"提出的历史背景、概念内涵、发展过程、经验与成效，以及对本次群众路线教育实践活动的启示。大部分党员教师对这一党的历史进程的了解是有限的，而史料是客观、丰富、鲜活的，党员们也有兴趣听。从本质上讲，两个专题活动虽相差七十多年，但它的政治内涵、内在逻辑是一致的。

　　理论上的分析研究，必须与学校的教育实际联系起来，才能真正得到落实。譬如将"全面推进改革"与学校的"首都名校"建设联系起来，先要界定"首都名校"的概念、标准，然后对照标准找差距，进而共同讨论如何推进课程改革与教法改革，在优生培养上取得突破性进展等。又譬如，廉政教育对于普通党员教师来说该如何具体践行呢？我尝试将有关教育的法律，以及教育部、区教工委对干部、教师的规定要求融合起来，提醒老师们不要接受家长宴请、不收受家长的礼金、不搞有偿家教、不强行让学生订教辅资料并从中获益等。应该讲，党中央的新政策、新精神只有与学校实际工作有机融合起来，才有可能真正得到落实，否则就是形式主义，毫无意义的放空炮。

（红袖子　全疆发）

管 理 | **"党员示范岗"评价奖励机制**

　　如何运用评价与激励来进行有效的管理是一个值得永远探讨的话题。"党员示范岗"开始搞的时候有新意,党员也有积极性。年复一年地进行,就要有一种标准,有一个申报与评价机制,并有相应的奖励办法。只有这样,才有可能"旧瓶装新酒",年年有新意,次次有芳香。

　　1. 规范评价流程

　　"党员示范岗"每学年评比一次。学校将依据"党员示范岗"在师德作风、教育、教学、科研等方面的示范要求和标准,采取个人申报,支部评价,群众监督,岗位展示的方式进行评价。具体流程如下图:

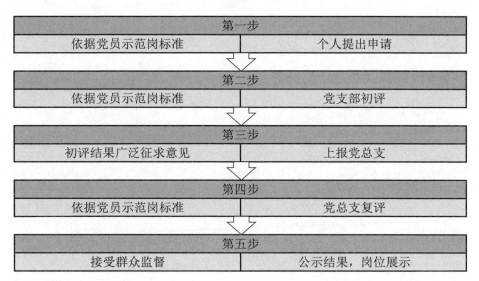

第一步	
依据党员示范岗标准	个人提出申请

第二步	
依据党员示范岗标准	党支部初评

第三步	
初评结果广泛征求意见	上报党总支

第四步	
依据党员示范岗标准	党总支复评

第五步	
接受群众监督	公示结果,岗位展示

　　2. 明确示范标准

　　在评选"党员示范岗"的基础上,各支部按照标准,评选出"党员示范岗标兵"。

评价内容	评价标准
师德示范	模范履职，敬业奉献；关爱学生，勇挑重担；廉洁自律，为人师表，是师德修养的模范。
专业示范	勤于学习，善于钻研；严谨治学，科学施教；遵循规律，推动改革，是专业发展的模范。
服务示范	尊重差异，平等待生；尊重人格，宽容爱生；立德树人，科学育生，是服务育人的模范。
质量示范	教有所长，形成特色；教法科学，质量优异；科研深入，成果显著，是常态优质的模范。

3. 表彰奖励先进

对于评选出的"党员示范岗"和"党员示范岗标兵"，学校颁发校级荣誉证书进行表彰奖励。学校每年经民主推选，评出优秀党员80多名予以表彰。

（全疆发）

特色

在陈经纶中学，一系列的党员示范岗活动不但全面提升了党员教师队伍自身的专业素养，而且通过其示范引领作用，于无形中也提升了整体教师队伍的素养，进而推动了教育教学改革，促进了办学质量的全面提升。

党员师德故事会

学校党总支要求"党员教师不仅要是教学的能手，更要是师德的表率、育人的模范"。结合学校师德新标准开展了"经纶师德"故事会。各支部党员教师的师德故事分别被学生、老师、家长推荐而出。他们或是用自己深厚的专业知识和独特的教学风格赢得了学生的尊重和喜爱，或是用自己无微不至的关怀和爱心赢得了学生的信任和爱戴，或是用自己强烈的责任感和无私的奉献精神赢得了家长的尊重和认可。"经纶师德"故事会进一步激活了广大教职员工敬业爱岗、无私奉献的工作精神。

党员示范课

为了进一步发挥党员教师在教育教学中的示范、引领作用，学校以支部为单位开展党员示范课活动。党员定期讲示范课，率先在教学改革工作中落实学校的"三施教文化"，成为常态优质课的楷模。一年来，我校各支部已经开展了党员示范课活动近百节，其中帝景分校、保利分校和本部初中三个支部所有党员教师全部参与了党员示范课的展示，很好地带动了各校区教学研讨的氛围，促进了教师的专业发展。例如：嘉铭分校党员教师率先进行"优化课堂教学模式研究"及课堂展示，为形成嘉铭分校优化课堂教学的"三三三"评价标准、"三段式"备课和新的备课体系标准奠定了基础。又譬如，本部初中语文组，六位党员全部上了党员示范课，听课人数达 60 人次，营造了一种良好的教研氛围，其"大语文、大课堂"的课题研究取得了长足进步，并带动了其他教研组的教研活动。

党员午间论坛

午间论坛是以支部为单位，定期组织党员教育科研宣传的活动。通过部分党员将自己的教育教学及相关领域研究成果向学生宣传展示，拓展学生的视野。目前，我们已经结合教师的学科特点和学生实际需求安排的党员午间论坛已成为深受学生欢迎的课外拓展课程。譬如，理科支部的"浅说地震波"、文科支部的"中国古代文化思想中的民主思想与当代生活"等不同内容的主题论坛深受学生欢迎。初中支部的语文教研组党员以此为契机，结合学科特点，以初中文学社为主体，形成了常态系列化午间论坛。该论坛使学生在文学方面的学习得以系统地深化和拓展，提升了学生语文能力，同时也促进了学生的全面发展，进一步丰富了学校校本课程内容。

（全疆发）

2. 最受人喜欢的"公主" 立体式管好"家"

她历任英语教师、备课组长、教研组长、教学处副主任、工会主席等职务。她在一线的教育工作中，擅长班级民主和谐氛围的建立，激发学生内驱力，充分利用学生身边的榜样去引领、帮助和促进后进生的转化；在英语教学中，注重学生隐形分层、激励评价，让每位学生都获得肯定和尊重；在行政管理中，积极构建和谐团队，尊重信任每位成员，尽力做到人尽其才、物尽其用。她所负责的工作得到师生及上级的高度评价，学校先后荣获"朝阳区政府优秀职工之家"、"北京市先进教职工小家"等荣誉称号。她就是北京市陈经纶中学工会主席冯梅。

印象

最受人喜欢的"公主"

初见到她，中等的身材，齐耳的短发，淡淡的笑容，说话不急不缓，做事不慌不忙，一副邻家大姐的样子。但听人说，无论是学生、家长、教师、员工都很喜欢她，喜欢和她共事，喜欢和她聊天谈心，因为和她聊天感到愉快、放松、舒服。在轻松愉悦之中，无论你是多么愤怒的心情，还是面对多么难做的事情，都会在不知不觉中打开心结，找到自己的方向，发现解决事情的途径。

她耐心倾听、充分肯定、积极鼓励，营造和谐氛围。她虽然不在一线教课了，但和有早自习的老师一样，依然每天早早地来到校园。永远是整洁得体的衣裙，神采奕奕的面容，真诚灿烂的笑脸，热情洋溢地和每位见面的老师问好。给人的永远是快乐、积极、真诚、热情的印象。

在陈经纶中学，无论是学生、教师，还是家人、孩子、老人的事，大家都愿意去找工会"冯主席"。无论你多么愤怒、多么难过，你都能在她真诚地交流中平静下来。她从来不会把你拒之门外。用她的话说，教师们找工会是对我们的充分信任，工会是老师们的娘家人，有困难我们不帮着解决，老师们怎么安心工作，又哪里有我们的和谐校园呢！

老师们不仅是有事愿意去找她，没事的时候，也喜欢与她聊聊天。大家都亲切地称她"冯姐姐"。

虽然她是工会主席，但她还承担着集团的招生、考试、学籍管理等工作。陈经纶学校是一所大校，师生人数众多，所有的老师都需要她装在心里，所有的学生是经过她的手进来的，也是经过她的手考试、毕业升入到高一级学校的。人多事情就很多，但是，很少见她有慌乱的时候，总是温文尔雅，在举手投足之间透着一种淡定、平和。

她常说，我没有什么远大的志向，只是想踏踏实实地把学校、老师交给我的事情做好，多为学生、教师、学校做点实事。

　　有人对她说，你是最受人喜欢的"公主"（工会主席的谐音），她却一仰头说，是我幸运，在最美的学校，遇到了最好的老师们！然后"呵呵"地乐起来，快乐、自信的笑声回荡在美丽的校园。

（韩玉霞）

故事

让幸福之花开满校园

从事教育工作 24 年，有 18 年的时间是在一线做教师、班主任的工作，和学生摸爬滚打、同欢乐共苦难，真正做行政管理工作的时间不长，不敢说有经验和成果与大家交流，只是将我成长中经历的一些小事与大家分享。

幸福在哪里

20 多年前，师范大学刚毕业的我，怀揣教育理想，怀揣对首都幸福生活的渴望，来到北京市朝阳区一所最普通的三类校教英语、当班主任。

我担任的是一个足球班的班主任。那个班全是爱踢足球的男孩子，仅有的五六个女生也是男孩子一样的性格。这些学生大多是外地来京打工人员的子女，家长对孩子要求不高。这些孩子正是长身体、精力旺盛、精神充沛的时候，这样的一群男孩子们聚在一起，会有多大的能量，大家可以想象。当时的我，是一个从外地刚到北京的年轻姑娘，没有任何经验可谈，只有一腔热情，只有美好的教育理想。可现实生活跟我开了一个大大的玩笑，接到了这样的一个班级，我曾面对空旷的操场大喊：老天，我的路在哪里？我的希望和幸福在哪里？

我很快调整自己，全身心地投入到这个班的管理工作中。三年下来，这些孩子在我的手里都柔软起来，他们高高兴兴地踢球，参加过几次朝阳区的比赛，还拿到了区里的名次；顺顺利利地毕业，有的上了高中，有的上了中专、职高。直到现在，还有两位同学和我有联系，都成家立业有孩子了，生活得很幸福。

这段经历磨炼、提升了我的管理能力，我认为，管理，有时候不需要更多的技巧，重要的是学会：真爱、信任、尊重和激励。我相信：真爱无敌！信任、尊重是对生活最好的热爱，激励可以收获无限可能。

从 2009 年开始，我负责陈经纶中学工会、招生等工作。虽然工作的内容、对象不同了，但都是和人打交道，所以我自然而然地就把管理学生的经验迁移过来。没想到，自己不但很快就适应了新的工作岗位，建立了融洽和谐的工作团队，工作氛围轻松愉快，工作效率高，工作效果好，而且还获得"朝阳区优秀党员"、"朝阳区敬老先进个人"等荣誉称号，学校获得"北京市先进教职工小家"、"朝阳区政府优秀职工之家"、"朝阳区师德建设先进集体"等荣誉称号。我想，这是对我工作的肯定，也让我更加有信心做好行政管理工作。

我最重要的职责是负责工会工作。我从心底里热爱我的学校，所以总想着为老师们做些实实在在的事。

每年开学或放假前，工会和行政联合开展校本培训，通过讲座、经验交流等形式，提升教师专业能力。同时，工会利用现代化的网络技术，加强师德培训，分享经验，交流感受。近两年来，工会先后举办了多次"幸福经纶"网上系列讨论会。"幸福经纶幸福事"、"幸福经纶幸福师德故事"、"幸福经纶幸福全人教育故事"等网上讨论，让经纶教育集团全体老师，打破时空的障碍，积极参加了讨论，分享了自己在陈经纶中学的工作、学习和生活中的幸福体验。在此基础上，我们举办了陈经纶中学思想运动会——"快乐施教、幸福经纶、和谐校园促进首都名校建设"师德演讲大赛。获得比赛一等奖的李老师，她母亲病危，自己带初三毕业班，天天就是学校和医院两点一线，有半个多月没有回过家，更没有睡过一个完整的好觉。她演讲的题目是《跳跃的幸福》，她说：幸福就在同事间真情的问候中，幸福就在大家互助的行动里，幸福就在孩子们求知的热潮中，幸福就在学生一张张温馨的卡片里……很多老师在分享中流下了感动和幸福的热泪。

经纶之家有一个理念：让老师们生活在经纶的大家庭中，感受到工作的快乐、生活的幸福。因此，每学期、每月甚至每周，我们都会通过教工之家组织一些活动，让老师们感受到自己处在舞台的中央，有学校为他们分忧，为他们解惑，为他们喝彩。

真爱、信任、尊重和激励，不仅让我的工作得到肯定，让我感受到工作和生活的幸福快乐，更让老师们享受到工作的快乐、生活的幸福。

时间都去哪儿了

2014年下学期末，在一个月内，我连续参加了两位去世教师的告别会。其中有一位教师年仅53岁，这让我的心情非常的沉重。这既是学校的损失，她正处在教学经验最丰富的时候；也是家庭的重大损失，孩子还未成家立业，伴侣还需要她的照顾陪伴。可能大家都有感受，示范校的老师工作压力大，工作时间长，很多人没有时间进行身体锻炼。

我不禁反思，我们的时间都去哪儿了？

每年教师体检，既是大家期盼的，又是人人担心的一件事情，都怕体检出一些让人害怕的结果。2014年的体检结果在大家的期盼中出来，竟然有三位老师分别被确诊为淋巴、乳腺、卵巢癌症。有三分之一的老师因为工作的压力、生活的习惯、运动的缺乏有较为严重的慢性疾病；有二分之一的老师身体处于亚健康状态。拿到这样的结果，我心里感到非常的难受，作为工会主席，我有责任督促教师锻炼身体，提高身体素质，提升生活品质。我们不是为了工作而工作，我们工作是为了有更好的生活，幸福的生活是我们追求的最终目标。我们一定要行动起来。全体教师明确一个目标：科学施教、快乐工作、幸福生活。全体教师响应两个倡导：一天活动半小时，健康幸福一辈子；参加一个社团，掌握一项技能，陶冶一份情操。

为了保障我们的目标实现，让老师们每天都能活动半小时，学校积极为老师们协调运动的场地，只要学校的场馆没有学生上课，没有课的老师都可以去运动。为每个教研组、年级组、处室配备了运动的球具、球拍等设备，游泳馆也免费为老师们开放。阳光明媚的春天，我们组织全体老师在操场上进行健步走活动，参与活动积极认真的老师，学校还给予物质上的奖励。同时还鼓励老师们不开或少开车，道近的老师直接走到学校，道远的老师先坐公交，提前几站下车走到学校，这样既能为首都的蓝天做贡献，又有利于身体健康。为了提高教师的身体素质，陶冶教师情操，学校为每位教师量身制定了社团，分别有游泳社、太极拳社、健美操社、羽毛球社、乒乓球社、激情篮球社、书画社等十二个社团。教师们根据自己的兴趣爱好都能找到喜欢的社团。每个社团有导师，有教案，有固定的时间、固定的场所。导师督促老师，同伴相互提醒，老师们都有了自己喜欢的活动。学期末根据参加的社团特点，进行汇报展示。不知不觉中，老师们的时间也挤出来了，也从忙乱的备课、作业批改中抬起了头，加入到自觉运动锻炼的队伍中来。现在有的教研组，课间休息的时候，集体做广播操、眼保健操、健身操。还有的老师，在下午放学后，一天锻炼的时间没有做够，一般是先补上锻炼的项目，然后再回家。大家的运动健身意识在不知不觉中得到了提升。2015 年的体检结果早已出来，只有一个特殊的消息，其他老师都基本健康。

总结这些年工会工作的经验，我认为，做任何一件事情，要先了解第一手资料，然后根据实际情况对症下药、造声势、找方法、搭台阶、评结果、促转变，最主要是思想上的转变，只有思想的改变，才是活动持久的内驱力。

幸福在这里

2013 年 5 月的一天，我正在办公室忙活，听到轻轻的敲门声，然后一位老师带着怯怯的表情走进来。请她坐下后，给我说了她孩子上学的事。今年她的孩子该上高中了，但一模成绩出来，很不理想，肯定上不了重点高中，她不知道该怎么办，希望工会能给她点帮助。她是我们高中的老师，忙活了别人的孩子，自己的孩子上不了好高中。我能理解她的心情。我想，这是个好契机。

促进教师的专业发展、提高教师的幸福指数是工会最重要的任务。如何找好切入点，既能真正促进教师施教能力和水平的提升，又能提升教师的幸福指数呢？我们从关爱教师子女的成长这件实实在在的事情开始。现在几乎每个家庭都是独生子女，孩子是家庭的中心，也是家庭的希望。孩子的健康成长、乐观向上、积极进取是家庭幸福的源泉，是提高教师幸福指数的基础。

首先，为了方便教师接送孩子，学校工会为教师子女量身制定入学方案，教师子女就近在集团的各校区上学。有的校区没有的学段，学校工会通过和相关部门的沟通协调，联系就近兄弟校入学。其次，不仅解决教师子女的上学问题，还关注他们在学校的健康成长。据统计，在陈经纶中学各校区就读的教师子女不断增加，达到 150 多人，但因为我们的老师早出晚归，忙着照顾班里的学生，忙着提高别人孩子的成绩，往往忽略了自己的孩子。其结果是，我们的教师子女有一半学习成绩在中等偏下，四分之一学习成绩位次缀后。这不仅是让我们的教师家长着急，也让学校着急。为了从教育子女做起，提高教师自己的施教能力和水平，将师爱与父母之爱和谐统一，学校工会开展了"推动首都名校建设，真情铸大爱"师德主题教育活动。明确提出，我们全体教师都要积极提升我们的专业水平，要能教好我们自己的孩子，自己的孩子都教不好，怎么能说明你能教好别人的孩子；对自己的孩子都不负责，怎么能说明你对别人的孩子有责任心呢！学校给各校区、各学部、各年级限定时间，让大家采取恰当有效的方式提高子女的成绩，教师子女的成绩和年终的绩效考核相联系。经过教师们一年多的努力，2015 年的高考中，我们的教师子女基本上都上了一本线；2015 年的中考中，有 6 名教师子女成绩进入朝阳区前 300 名。这个结果让学生快乐，家长高兴，家庭幸福。

作为一名服务于教师工作生活的学校管理者，我认为，自己要明确家庭和谐、孩子健康成长是教师幸福的根本保障，从关系教师切身利益的实事做起，本着为教师的专业发展、快乐工作、幸福生活主线出发，找准问题的切入点，带动教师持续深入地坚持下去，就会有意想不到的收获。关爱教职工的身心健康，关注孩子的健康成长、家庭幸福，尊重、理解、信任教师，激励、真爱教师。美丽的校园是教师幸福的家园，幸福之花开满经纶校园。

（冯　梅）

对 话

陈经纶中学中考招生对话

冯梅除了担任学校的工会主席,从 2009 年就开始做学校的招生考试工作,对学校的这项工作如数家珍,不仅全面了解学校的发展历史、学校的硬件特色、教师特色、课程特色、学生社团特色,也全面了解学校的招生政策和学生志愿填报技巧,及中考最后冲刺策略。

陈经纶中学招生计划是否有变化

主持人:请北京市陈经纶中学招生主任兼工会主席冯梅老师简单地为我们介绍一下学校的基本情况。

冯　梅:大家好。北京市陈经纶中学是一所具有近百年历史的国家公立市级示范学校。陈经纶中学始建于 1921 年,叫崇贞学园,后来改名为北平女子第四中学,新中国成立后改名为北京市第四女子中学,1954 年改名朝阳中学,在 1991 年的时候,由香港的企业家陈经纶先生捐资重建,被北京市命名为北京市陈经纶中学。2002 年,学校被评定为北京市示范性普通高中。

目前,陈经纶中学是一所集团化的学校。除了本部初、高中校区外,先后成立陈经纶嘉铭东校、陈经纶帝景西校、陈经纶保利分校、陈经纶嘉铭西校等。目前,陈经纶中学涉及的学生分别有小学、初中、高中,共有 183 个教学班。

主持人:近年来,中考和高考的报名人数有所下降,是否对陈经纶中学的招生计划带来影响?

冯　梅:目前来说,对陈经纶中学的招生计划没有什么影响。例如,2014 年的高中计划招生,是由学校提出申报,上级单位审批。批准的计划人数是 320 人,不仅在朝阳招生,还在全市进行招生。我们在朝阳招生 278 人,其中有直升班——小语种实验班 45 人，全市招生的科技人才班 30 人，名额分配是 39 人，特长生（田径、游泳、篮球类）10 人，择校生 20 人，普通招生是 164 人，其他区县招生：丰台 2 人、通州 12 人、昌平 2 人、平谷 2 人、顺义 2 人。

陈经纶中学有哪些特色

主持人：据我了解，陈经纶中学在办学特色上很突出，请介绍一下学校的办学特色，尤其是课程设置情况。

冯　梅：陈经纶中学拥有近百年历史，在教育教学方面积淀了一些特色。我主要从五方面介绍：一是活动的特色，二是校本课程特色，三是体育课特色，四是品牌社团特色，五是经纶科技人才特色。目前，陈经纶中学在实施新课程，并自主构建校本课程。新课程注重双基的训练，校本课程分为主体性校本课程、拓展性校本课程和实践性校本课程三大类 10 个门类 100 多种课程。拓展性课程涉及科技发明、生活技能、艺术创作还有名人对话等七个门类，学生可以根据自己的兴趣、爱好和个人发展的潜能，从菜单式的课表上自主选择。学生自主选择的学习可以作为补充，可以是爱好的延伸，也可以是进入社团的准备。

主持人：学校在活动开展上有何特色？

冯　梅：我们的活动特色从三个方面来体现：一是我们学生的部委制建设。陈经纶中学为我们学生的管理和合作搭建了平台，让更多优秀的学生得到锻炼，让学生在合作与分工中找到自己的位置和价值。目前学校有 16 个学生的部委制。二是我们的社会实践。陈经纶中学每年都会由不同的学科来牵头，到各种场馆、工厂、农场、农村等地进行社会实践考察，让学生走出教室，在丰富的社会体验中学习、理解学习的价值。三是我们的"人生远足"社团活动。我们每年都会组织学生去世界各地体验不同风土人情，让孩子们长见识，增加人生阅历。

主持人：您刚才提到学校的体育特色，请您介绍一下。

冯　梅：为了保证学生的健康成长，学校每天开设一节体育课，并且列入我们课表，实施"处方式"的体育课程。同时，还自主组建了各类体育俱乐部，课程活动内容都是菜单式的，可供学生按个人兴趣自主选择。

主持人：听说学校的品牌社团是名牌大学的敲门石？

冯　梅：是的！学校有经纶合唱团为代表的品牌社团 100 多个，每个经纶学子都能找到自己喜欢的社团。我们的这些社团得到国内外著名大学的高度关注，我们的社团成员在自主招生过程中，获得了很大的加分。比如北京大学每年都给经纶合唱团的优秀学员加 65 分，南开、复旦，还有天大、理工、林大、农大等高校也对合唱团的学生给予让分到本科或一本线的优惠条件。

主持人：据了解，学校的科技人才班也备受欢迎，您能谈谈吗？

冯　梅：这个班是我们未来科技精英的摇篮。这是学校和中科院合作、共建的拔尖人才的培养学习模式，力求从教育研究的角度探索对拔尖创新人才的培养。科技英才课程将为学生提供进入国家重点实验室和中科院的院士一起进行科学实验和课题研究的机会。

陈经纶的"软"件"硬"件都过硬

主持人：有这样一句话，叫"树业师为先"。可想而知，师资团队在教学质量中起着举足轻重的作用。请介绍一下陈经纶中学的硬件设施和师资情况。

冯　梅：陈经纶中学具备一流的办学设备设施，我们有图书馆、阅览室，图书馆的藏书超过了十万册；学校的大礼堂可以容纳 2000 多人；我们还有标准竞赛的田径运动场、室内篮球馆、游泳馆等，全天候面向学生开放。

我们的师资队伍也是学校发展的重要保障。围绕学校的名师成长工程，学校进行了人事管理的体制和机制创新。目前，学校的市、区学科带头人和市、区骨干人数占学校教师的 56%，其中特级教师 13 人，市级学科带头人、市级学科骨干 15 人，区级学科带头人、学科骨干和优秀青年教师 75 人，高级教师占教师总人数 30%，硕士以上高学历教师 24 人。

怎样才能考上陈经纶中学

主持人：请为我们介绍一下陈经纶中学的录取规则，包括填报志愿，应该注意哪些？

冯　梅：陈经纶中学在全市进行学生录取，要进入陈经纶中学，首先要填报陈经纶中学。录取时，学校根据学生填报的志愿，从高分到低分来进行录取。

因为我多年做招生的工作，我对学生及家长填报志愿有一点小的建议：在填报志愿时，应该遵循一个从高往低的原则，要按市级重点学校、区级重点学校和普通学校顺序填报，拉开档次，以备分层次录取，避免档案退回的情况发生。

主持人：很多考生和家长很关心体育特长生是否有加分或降分政策？对家庭困难的学生有没有设立奖学金呢？

冯　梅：按照北京市的招生要求，报考陈经纶中学篮球、游泳和田径类体育特长生的考生，要在每年的四月中旬来学校报名，参加学校组织的体育专业测试。通过体育专项测试和北京市的统一测试后，就可以提前录取，不需要中考成绩。

对于家庭困难、品学兼优的学生，学校会以奖学金的形式免除孩子三年的学费。

下一步，向首都名校迈进

主持人：学校近年来取得了哪些办学成果？未来的发展方向和计划是什么？

冯　梅：陈经纶中学的中高考成绩稳居朝阳教育的第一质量平台。从 2009 年开始，我们的高考一本率一直在 90% 左右，100% 升入本科。中考成绩连年攀升，2012 年市、区重点的录取率达到 92%。从 2009—2014 年，学校连续蝉联了朝阳区中、高考质量双优奖，兑现了学校的"优秀学生不埋没，特长学生不萎缩"的办学承诺。2014 年，学校有 1000 多名学生在国家、市、区等体育科技艺术大赛中获奖。同时学校被授予北京市"金鹏科技奖"和"金帆艺术奖"两个科技艺术的最高奖项。学校正在进行首都名校建设，通过全面提升办学质量，积极迈向首都名校。

（摘选自中国教育在线访谈）

管 理

全方位，立体式"管"家之道

　　家是我们幸福的港湾，家是我们生命的源泉，校园就是我们和谐幸福的家园。学校以人为本，建立了关爱教职工生活的长效机制，制定了《北京市陈经纶中学教代会制度》《北京市陈经纶中学师德标兵评选制度》《北京市陈经纶中学教工子女入学规范》《北京市陈经纶中学教工慰问标准及执行规范》，践行以人为本的办学文化。建立教职工慰问制度，为教职工投保、体检，组织健康讲座，为每位教师庆祝生日，让教职工感受"家"的温暖，享受工作的快乐、生活的幸福，成就幸福经纶。

　　1. 每学期开展丰富多彩的活动，促进教职工身心健康

　　我们为辛勤工作在教育教学一线的教师推广心理健康操——冥想，开展"庆'三八'健步健身周"活动，组织教职工进行各种体育比赛和趣味运动，开展思想身体运动会，组织师生开展"唱响红歌，点燃激情"的合唱比赛，进行第九套广播操比赛、游泳比赛，组织教职工春季踏青、秋季赏叶等活动，让教职工在紧张繁忙的工作之余进行身体和情绪上的调整，促进他们的身心健康。

　　2. 关心教职工生活，温暖送到教职工心中

　　关心教职工的生活，给每位教职工过生日。对于新婚教职工，我们亲自送上贺礼祝福。对教职工生孩子更是给予关注，凡按照国家政策喜得贵子的教职工，都会收到工会的慰问。对父母、岳父母、亲人病故的教职工，我们会送上慰问金。我们高度关注离退休教职工的生活，把慰问和关怀送到老教工的心中。

　　3. 美化环境，改善办公条件

　　开展"职工小家"建设活动。"职工小家"建设活动由学校统一制定方案，分教研组制定主题方案，根据各组设计的"方案"给予活动经费支持。根据各组情况我们评选出"环境好"、"出勤好"、"互助好"等八好教研组或年级组。

4.扶弱助贫，排忧解难

积极动员组织教职工参加健康互助保险，为教职工排忧解难。为了增强教职工承担风险的能力，我们不断加大保险的力度，每年为200多人购买团体重大疾病保险，为300多人购买团体人身意外伤害互助险，为200多人购买女工安康互助保险，三项合计学校共投入4万多元。全校教职工积极进行"京卡"的办理，办理人数超过95%。

5.关爱老人，活动慰问

陈经纶中学有205位离退休的教职工。这些教师在陈经纶中学奉献他们的青春，挥洒他们的汗水，让他们"老有所养，老有所为，老有所乐"是我们工作的宗旨。组织退休老教师开展了春天郊区踏青、秋天登高赏叶、初夏开展运动会等九项活动。春节元旦慰问，对高龄、重病、失独家庭及一些老领导，送去学校对他们的关怀与温暖。

6.关心子女，解决后顾之忧

我们以师为本，不断提高全体教职工的幸福指数，孩子是家庭幸福的关键。据了解，在陈经纶中学各校区就读的教师子女不断增加，达到一百多人，有一半的教师子女学习成绩处于中等偏下。为了从教育子女做起，提高教师自己的施教能力和水平，将师爱与父母之爱和谐统一，我们开展了"推动首都名校建设，真情铸大爱"师德主题教育活动，为教师子女学业提高开启新的动力，让教师子女成绩不断提升，家庭幸福指数不断攀升。

工会的工作是全方位、立体式的工作，它依靠、带领、服务全体教职工，构建美好和谐的校园，努力提升教职工幸福指数，让全体教职工快乐工作、幸福生活，使陈经纶中学成为师生共同成长、幸福生活的美好家园。

（冯　梅）

特 色

陈经纶中学的"教工之家"，被老师们称为"经纶之家"，是老师们最喜欢的地方，是老师们的幸福家园。在"教工之家"里，经常开展各种各样的工会活动。有教师的心理谈话咨询，有书法、美术等各类比赛展示，有教师社团活动等。在这里，"参加一个社团，掌握一项技能，陶冶一份情操"的工会活动目标得到最好的印证。

教师思想运动会

每学期，"经纶之家"都会举办"教师思想运动会"，促进教师思想健康发展。全体老师通过集中学习、自学、网上讨论、写读书笔记等形式学习学校办学思想、办学目标，以及《什么是最有效的教学》《陈经纶中学首都名校建设规划与行动方案》和十八大报告等书籍报告。工会就这些学习的内容设置出 100 道题，其中选择题、填空题、简答题、阐述题等全部网上提前学习。学校 11 个教研组和处室，每组选派两人参加全校比赛。紧张而热烈的抢答比赛，让经纶教师对学校办学思想、教育本质有了更深的理解。全体教师目标明确、责任清楚，努力提高工作标准，提升工作质量，为实现学校首都名校建设而努力。

教师心理健康操

关注教师的心智健康，是"经纶之家"的一项重要任务。工会通过心理健康测试发现，有五分之一的老师有相对严重的心理疾病，有近一半的老师都有一定程度上的心理健康问题。面对这个严峻的现实，工会请心理专家到学校进行心理健康的讲座，在网络上进行全校教师的心理健康知识竞赛，开展了心理健康操——冥想。每天中午，由学校工会委员和心理老师组织老师们参加 25 分钟的心理健康操活动。让老师们在整洁优美的环境中，舒服地坐在柔软的椅子上，听着舒缓放松的音乐，微微闭上眼睛，放下所有的烦恼、郁闷和压力。让冥想帮助老师减轻压力、调节神经、放松心情，提升对事物的判断力、理解力，提高想象力、创造力，让老师们身心呈现安定、愉悦、快乐的感受。

幸福经纶亲子日

每年的"六一"儿童节到来之际，为充分落实"做幸福经纶人、享幸福校园生活"的工会目标，为广大教职工提供一个与孩子共同探索、学习、成长的机会，陈经纶中学工会和学校行政联合举办"幸福经纶亲子日"主题游园会。主题游园会针对不同年龄段儿童心理特征，设计了"淘气堡"、"芝麻街"、亲子互动游戏、"电影梦工厂"、"魔幻厨房"、亲子摄影、"爱心小天使"、"奖品大超市"、自制亲子餐等娱乐和动手体验项目，为学校教职工及子女提供了一场集娱乐、互动、体验、公益于一身的节日盛典。活动的场地选在父母工作的校园、教室及学校的大礼堂、篮球馆。全校教职工及子女（14岁以下）一百多人参与活动，让教职工和家人一起感受经纶大家庭的温馨和幸福。

（红袖子整理）

3. 在这里，每一个党员都是亮丽的名片

她从教30年，曾获"北京市'紫禁杯'班主任"、"朝阳区优秀青年班主任"、"朝阳区优秀青年班主任带头人"、"朝阳区优秀青年教师"、"朝阳区教育系统优秀党员"等荣誉称号；她的论文《让爱贯穿教育的全过程》等文章多次获得市、区级奖项。她就是北京市陈经纶中学本部初中党支部书记、高级教师陶苒。

印 象

她是我们的"黏合剂"

短发、含笑，这是陶苒给人的第一印象；精干、温馨，这是陶苒给人的第一感觉。

2012 年，陶苒因工作需要，从陈经纶中学高中部调任本部初中担任党支部书记。在很短的时间内，她便和初中部的老师们打成一片，成为老师们心目中的"黏合剂"。

她开朗乐观，经验丰富，所以老师们无论大事小情都愿意找她出主意；她心思细腻，善解人意，如果哪位老师有解不开的心结、想不明白的问题，她总能巧妙地从另外一个角度帮助老师梳理问题，积极乐观地看待问题，从而解决问题；她乐于助人，如果哪位老师生病住院了，她肯定会在繁忙的工作中抽出时间去医院探望，并时常电话短信关心病情。

陶苒认为，只有生活幸福才能快乐工作。名义上，她在初中部担任党支部书记，但在实际的工作中，她所做的事情远远不止这些：办公室、宣传、人事、继教、档案、教科研等都是她的工作，工会、食堂有事也爱找她。

在老师们眼中，陶苒做事认真、有条不紊、勤于思考，注重实效、实事求是、从不浮夸；陶苒表达能力强，语言幽默，言简意赅；陶苒做事效率高，总能提前完成上级部门布置的工作；陶苒对待工作兢兢业业，常常是送走最后一位学生最后一位老师后再离校……

"她那开朗的笑声、甜美的嗓音和自信的面容，让人备感亲切和信赖。"老师们这样评价她。

（盛宇辉）

每一个党员都是学校亮丽的名片

导语：我的职业生涯已经进入倒计时，随着年龄的增加，体力与精力在衰减。但是，我努力做到让工作的热情与干劲不减，用自己的努力为学校的发展添砖加瓦。我想，作为一名共产党员，一名陈经纶中学的干部，我必须是一面旗帜，在各项工作中成为表率；我又必须是一面镜子，时刻提醒自己作为干部要做到身正影不斜；我还必须是一个合格的螺丝钉，党把我钉到哪里，我就要在哪里发挥作用。

——陶 苒

"我希望在职业生涯的最后几年，始终坚持把工作当成事业去做；我希望在坚守陈经纶中学初中部党支部建设的岗位上，起好带头作用，与全体党员一起，努力做到'每一个党员都是学校亮丽的名片'。"这是陈经纶中学初中部党支部书记陶苒写在工作日志上的一段话。

在经纶初中部，她是老师们心目中"顾大局，识大体，为学校发展着想的好书记"。

党员教师，学校亮丽的名片

65 名教师中有 35 名党员教师，占 53.8%；全体年级组长、教研组长、班主任中党员占 69.2%。陈经纶中学初中部的党员多、战斗力强有目共睹。因为这里有一个温馨的党员之家。党支部书记陶苒虽然 2012 年才担任此项工作，但却用她的爱与诚赢得了老师们的心，带出了一支优秀的党员教师队伍。用老师们的话说，这支优秀队伍的领导者是党支部书记陶苒。"在陶书记的带领下，我们本部初中的党员教师都在努力做学校亮丽的名片。"老师们发自内心地说。

在陶书记的带领下，无论是在运动会上，还是在教研活动中，抑或是在学生社会实践中，党员教师始终是走在队列最前面的群体。他们虽然普通，但又不普通，他们就是学校亮丽的名片，展现着学校积极向上、蓬勃发展的一面，很好地诠释了陈经纶中学"老实、宜强、勤奋、创新"的校训。

　　我们初中部地方小，学生多活动场所少，如何才能让学生有更好的活动空间和内容呢？陶书记来到初中部没多久，看到学生们吃完午饭，有些在教学楼前的小院歇息，有个别同学在打篮球，可大部分学生只能待在教学楼里。教学楼的楼道比较窄，陶书记走进班里，看到学生有的在聊天，有的在学习，虽然有秩序，但孩子们缺少自己的课间生活。陶书记目睹此情此景想了很久，配备体育用具，没有场地；配棋类，课间、午休时间短，都不合适。放学后，陶书记又到学生中调研"你们中午休息时，在学习之外想干什么？""到操场玩，有小伙伴聊天，再么就是看自己喜欢的书。"学生的话提醒了她。"对，书。讲台的边上正好能放个小书架。"为了鼓励学生多读书，读好书，在学校的大力支持下，为每个班级配备了小书架。

　　书架做好了，书也买来了，旧的问题解决了，新的问题却应运而生。面对满屋子书，需要给图书登记造册、分类、编号、贴标签，要针对年级特点配发图书，每个月要对小书架的管理、借阅进行检查，学期末还要将图书回收整理清点，现有行政人员本来就缺，每人的工作量都很大，根本无暇承担。为了尽快把满屋的书发到班里，陶莘带领不满工作量的教师把图书管理工作兼任起来，但却每学期都要换人。于是，她又多了一项工作，从最初图书委员培训直到图书发到班级，事无巨细她全都亲力亲为，掌握第一手资料。每学期换负责教师时，她都不厌其烦地一遍一遍培训新老师，嘱咐图书管理的细节和要领。她常说："这些书是公共财产，我们要用好它们，让它们为学生的全面发展服务。"新书发到每个班了，陶书记走遍全校各班，看着一个个码放整齐的书架，看到有的班同学在书架的上面放了绿植，有的班同学拿来了自己的书充实书架，欣慰的笑容挂满书记的脸庞。

　　今天，小书架不仅成了学校的一道独特的风景线，还发挥出大作用，为学科教学提供资源，为学生全面发展助力铺路。

党员教师要做教师团队的"领头雁"

一次全体党员会上，陶苒对学校的全体党员说："既然党员是一个神圣崇高的称谓，那么，党员教师作为教育上的先锋队，无疑需要在教育教学改革与学校发展中真正起到先锋模范作用，发挥群众身边'旗帜'的作用，特别是在群众面前需要体现这三点：身份亮出来，形象树起来，作用显出来，做教师队伍的'领头雁'。"

她是这样要求的，自己更是这样做的。

学校的教学主任调走了，干部队伍本身就很少的陈经纶本部初中就更加忙碌了。教学主任原来抓的工作由校长贺小兵和书记陶苒承担起来。陶书记在原本的党务、行政工作的基础上，又增加了教学上的一些工作，更是繁忙。

老师们常常见她跑上跑下，教学工作的安排协调、教师继教分数的核算与报名、党组织工作的落实、深入年级教研组落实工作、学校活动的组织安排、骨干教师的考核、定期检查办公室卫生、生病老师的慰问……在小升初工作的阶段，她和校长天天都最晚走。一天晚上八点了，"看，我们的成果！"陶苒书记边整理学生材料边与贺校长说。看着码放好的材料，陶书记抬起头，伸伸腰，心情开始放松了。"书记，给，这里还有几份资料。"校长也活动活动了身体，站起来了。陶书记活动了几下僵硬的脖子，又低下头继续仔细整理学生资料，生怕出现纰漏，反复查看核对学生档案，不造成一丝误差。为了保证招生质量，她眼睛熬红了，嗓子说哑了，但她觉得很快乐。经过他们的严格把关与细致工作，新一届初一学生顺利入校，为后期的教育教学工作的顺利展开奠定了良好的基础。

党员干部踏实地工作，默默地奉献，大家都看在眼里。书记陶苒、校长贺小兵以党员的党性、人格魅力在潜移默化地带动着、影响着老师们，让普通教师零距离地感受到党员的先进性和带头作用。

教师们都说：学校的党员关键时刻顶得上，攻坚克难见成果，彰显共产党员的领头雁作用。特别是陶书记，她虽然到初中部担任党支部书记时间不长，但却用她的爱与诚赢得了老师们的心，带出了一支优秀的党员教师群体。

党员教师要做教育教学工作的"勤务兵"

"党员是'勤务兵'","党员教师自己优秀不算优秀,只有你所带的团队成员个个优秀,才是真的优秀。"初三年级的工作总是最艰巨的,书记陶苒常常给组长打气。

2015届初三,因为年级进行了分层教学,各位教师干劲挺足,都希望把自己的学科教好。但由于分层教学给班级的管理带来了难度,班主任在有些工作中会比较急躁,缺少应对办法。年级组长也很着急,有时工作中会有点情绪。一学期下来,各学科期末考试成绩不是很理想。这时,陶苒就对组长说:"现在你不光要把你带的班级管好,还要把年级的几个班主任的心拢住,千万别让班级有波动,稳定班级是关键。组长的任务就是要抓好你们年级的班主任工作,就要多帮助有困难的班主任解决问题,为他们和他们班级的发展提供助力,当好'勤务兵'。"

在陶苒的点拨下,组长变了,不光只看自己的班级,还会多关注其他班级,给予其他老师帮助,当好"勤务兵",共同做好年级工作。

陶苒平常很关心老师们的生活,有位初中部的任力老师住院了,她先后五六次去医院看望,询问任老师手术期间是否需要她去医院陪护照顾。除了给任老师送去慰问品,她还考虑到术后需要加强营养,休息日亲自下厨做好美食送到医院,给任老师补身体。

患难见真情,任老师为此感动不已。其实,任老师的事,只是陶苒关怀老师们的一个很小的缩影,她平日里对待老师,都像亲人一样真诚。老师们这样评价她:"陶书记是一个特别好的人!"

(关 宇 何彩红)

结语: 我感谢那些支持过、帮助过我的朋友们,是你们在我困难时伸出援手,让我一次次超越自我,在经纶获得成功;我感谢那些批评过我、指责过我的同事们,是你们促我时时反省自己,不断更新观念、探索新的方式方法,让我永远不敢懈怠,不敢止步不前,鞭策着我不断前行;我更要感谢亲爱的学生和老师们,是你们的努力造就了经纶的辉煌，让我原本平庸的人生变得精彩而丰富。我愿将成功的心得、受挫的教训与同仁们分享。感谢经纶校园，这个培养了我一家三代人的学府圣地。

祝愿经纶百年校庆时更加绚烂辉煌！

（陶 苒）

"三个一"党建工作管理模式

学校党支部是建立在教育教学一线的最基层党组织，支部书记必须是综合素质高、业务能力强、全心干事业、精心抓管理、用心带队伍、贴心爱群众、一心创佳绩的"好班长"和各项工作的带头人。围绕落实陈经纶中学"首都名校"建设目标和工作要求，陶苒书记带领初中支部在加强领导班子和党支部建设中，带领班子统一思想定制度，团结协作，有效落实工作，教育党员发挥作用当模范，团结教师积极工作成合力，建立了"三个一"党建工作管理模式，有效地推动初中部党建工作的全面建设和发展。

第一，支部书记每天必须完成自己的行政工作，一日事一日毕，事必躬亲，身教胜于言教，以身作则，不以任何理由为自己没完成工作留下借口。

第二，支部书记每周必须完成书记职责中的谈话、听课，深入一线工作，及时了解教师的工作状态，了解学生学习的思想情绪，积极参与教育教学各项工作，为初中部顺利完成全年教育教学工作保驾护航。

第三，支部书记每月必须完成学校及支部立项工作，带头用经纶师德新标准鞭策自己并带领全体教师践行，配合校长开展课程改革的实践研究工作；按照计划定期带领干部进行工作回顾并进行检查讲评，肯定成绩、调整问题、改进工作，保障学校各项工作的完成。

（红袖子整理）

对基层学校党支部建设的思考

习近平同志强调党组织要从思想建设、政治建设、组织建设、作风建设、反腐倡廉建设和制度建设六个方面加强建设。学校党支部也必须从这六个方面联系学校实际加强基层党支部建设，发挥好基层党支部的战斗堡垒作用。

1. 加强党支部的思想政治建设

学校必须把党支部建设好，确保党支部始终成为学校教育事业的坚强领导核心，为实现中华民族伟大复兴的中国梦而首先实现教育强国梦。初中党支部和领导班子既是党的路线、方针、政策的贯彻者和执行者，又是学校具体工作的决策者和实践者。初中支部以改革创新和从严治党的精神加强党支部和干部队伍建设，坚持以"为每个学生的全面发展提供最适合的教育，为每个学生的健康成长提供最有保障的教育，为每个学生的个性培养提供最有特色的教育"为办学目标，把加强支部建设和干部队伍建设作为一种政治责任、精神追求和工作需要，通过不断学习提高领导班子的决策能力和执行能力，使每位干部、党员成为坚定贯彻学校办学目标、善于执行学校立项工作的践行者，从而形成一个坚强的干部团队、党员团队和教师团队。

2. 加强党支部的组织作风建设

在组织建设方面，习近平同志强调把党的领导贯彻到依法治国的全过程，要靠铁的纪律加强党的团结，从严治党关键是治吏，要抓全党特别是领导干部的学习。在作风建设方面，强调群众路线是我们党的生命线和根本工作路线，强调工作作风问题绝对不是小事，坚决解决"四风"问题。

初中党支部切实改进工作作风，密切联系广大干部教师，以"三个重视"为抓手，提高党支部和班子成员的整体素养，切实解决自身存在的突出问题，办朝阳人民最满意的学校。"三个重视"即重视学习、重视制度落实、重视班子团结合作。初中党支部和行政例会每月专题学习、每周重点研讨与日常自我学习实践相结合，学习研讨教育政策热点问题、教育改革创新问题、教育教学突出问题等，形成党支部和领导班子的共识。在执行学校各项规章制度中，明确干部的分工与职责，强调"三重一大"事项流程制度、定期民主生活会制度、干部两个责任制等制度的落实；初中部有三多（班级多、学生多、教师多）、三少（干部少、职员少、教室少），因此每个干部都是身兼数职，一岗多职，既是领导者、设计师又是办事员，日常工作中各负其责，分头把关，大型教育教学活动则全体齐上阵，协调配合。通过学习研讨来提高、规范工作流程、制度及民主监督手段等，使党支部和领导班子的自我防腐能力不断增强，中央八项规定和各项教育教学改革措施得到较好落实。

习近平同志在阐述中国特色社会主义道路时，强调"在中国共产党领导下，坚持四项基本原则，坚持改革开放，建设社会主义先进文化、社会主义和谐社会，建设富强、民主、文明、和谐的社会主义现代化国家"。初中支部把工作重点定位于带好党员队伍发挥先锋模范作用，密切联系群众发挥桥梁纽带作用，凝聚人心提升工作标准，更新观念转变工作方式，践行经纶"三施教文化"，促进师生共同发展。在党支部的组织下，三个党小组建立在不同学科教师中，每一个党员都具有双重角色，他们既是先锋队的一员又是承担一线教育教学任务的教师，在师德演讲中、在学科论坛上、在承担急难险重任务时，共产党员当仁不让地成为学校工作的绝对主力。在党支部的支持下，学校坚持教育改革创新，实施"框架式备课"和"生命课堂"教学改革，教师的教材分析能力、课堂掌控能力和教学评价能力得到有效提升。在党支部的促成下，学校建立"导师团"和"师徒对子"，近40名一线党员、导师和青年教师开展导师示范课、学员展示课、党员研究课上百节（60%以上为市、区级研究课）；在党支部的倡导下，以党员为骨干的语文组、理化组的全区实践活动课和以党员领衔的英语组创新作业等活动都取得良好效果。在朝阳区2015年骨干教师评选中，本部初中13名党员被评为市、区级骨干学科带头人，党支部的战斗堡垒作用日益凸现。

3. 加强党支部的廉政制度建设

习近平同志强调："进入新世纪党的建设遇到许多新情况新问题，面临许多新考验新挑战。以健全民主集中制为重点加强制度建设，以完善惩治和预防腐败体系为重点加强反腐倡廉建设，使党始终成为立党为公、执政为民，求真务实、改革创新，艰苦奋斗、清正廉洁，富有活力、团结和谐的马克思主义执政党。"

如何发挥学校党组织推动"首都名校"建设、服务教师学生、凝聚人心、促进和谐的作用，始终保持学校党组织旺盛的生命力、发挥坚强的战斗堡垒作用，是学校党支部工作的重要课题。在学校党总支部的支持下，初中党支部于2014年申请加入朝阳区党建研究会十四分会，开展党建课题研究，探索开展多种渠道的党员教育活动，更好地服务党员，服务教育教学，建设学习型、服务型党支部，更好地发挥支部的政治核心与战斗堡垒作用。认真落实群众路线教育活动中制定的整改方案，严格党员教育管理，结合学校教师专业发展存折，建立党员工作台账，在支部中大力表扬与树立那些积极开展教学研究、常态优质课堂保质量、带领学生创新学习方式、在师德论坛及志愿者服务等各种活动中表现突出的党员，用榜样引领，用数据说话，促进党员彰显模范作用，让党员成为教育教学的"领头雁"。

（陶　苒）

特 色

几年来陈经纶中学初中党支部在工作中牢记职责，狠抓三个关键点——党员思想建设、干部工作作风、青年教师专业成长，不断创新工作方法和思路，提升支部的工作水平与执行能力，突出工作重点，夯实工作作风，以点带面推动初中部各项工作全面有序地顺利开展。

"初中党员之家"微信群创新学习方式

为了便于党员们相互学习，支部建起了"初中党员之家"微信群，党员教师们有了好的文章，就发到群里大家共同学习欣赏；有了困难我们一起讨论解决办法；有了感动我们大家分享；有了病痛同志们发去问候……微信群拉近了人与人之间的距离，既有语音又有延时，优于短信与电话，便捷了同志们之间的沟通，受到热捧。

微信群实现了支部与党员、教师与干部、学校与家长的时时交流，新媒体技术不但为工作带来便利，也密切了党群、干群、学校与社会之间的相互了解与沟通，既便于学校及时了解工作的落实和效果，又便于问题的反馈和交流，换一个角度也促进了党支部检验工作的实效性。

干部带班制转变工作作风

针对初中部干部少的具体情况，支部建立了由干部带班，部分行政人员参与的干部带班制。干部每人每周带班一天，从早晨学生 7 点入校到晚上最后一个班放学离校，全体行政人员按楼层、按重点划分责任区，承担的职责是：课上课间巡视检查，重点记录亮点和问题，注意学生课间休息得当，纠正管理学生不文明行为，检查学校设备设施的安全及正常使用。小问题当场解决，管理干部将发现的亮点及问题记录在常规检查表上，每周三上交记录表，书记汇总后，在周四干部会上进行反馈。行政会针对问题研究改进措施，责成专人负责落实解决。这项制度已经坚持三年，干部带头作表率也促进了初中部全员德育的深入落实，学校的环境设备设施得到师生自觉的爱护，初中部变得更加温馨和谐。

带教制度加速青年教师成长

为了促进青年教师的快速成长，加强青年教师的思想政治教育，为党培养后备人才，初中部党支部为每位新教师配备了具有教育教学经验的指导教师。党支部与团支部、教学处合力推进导师带教工作，建立了带教制度，明确了带教要求，规范了带教程序，创建了带教手册，制定了成长预期。在实施过程中，党支部与团支部合力推进，与教学处共同监督指导，检查落实。导师示范课引领，学员汇报课展示，示范课后学员问课，汇报课后导师评课。带教制度不仅助推了青年教师专业成长，更为初中培养了一批思想端正、积极向党组织靠拢的好教师。

（红袖子整理）